위기의 경찰
사기 속에서 길을 찾다

犬察 警察 敬察

위기의 경찰
사기 속에서
길을 찾다

경찰이 사기를 가르치다

박화진 지음

지식공감 도서출판

들어가며

"33년 9개월 = (33년 × 365일 + 9개월 × 30일) × 24시간
 = 295,560시간"

　미국의 심리학자 앤더스 에릭슨은 어떤 분야의 전문가가 되기 위해서는 최소한 1만 시간이 필요하다는 '1만 시간의 법칙'을 논문에서 발표한 바 있습니다. 경찰관으로서 약 30만 시간을 보냈습니다. 적어도 앤더스 에릭슨의 주장에 따른다면 치안전문가가 되었다고 볼 수 있습니다. 반평생을 치안업무에 몸담고 이제 그 자리를 떠나게 된 지점에 도착했습니다. 하지만 치안은 '이런 것이다'라고 자신 있게 한마디로 정의 내리지 못하겠으니 치안전문가였다고 말하기엔 많이 부족한 것 같습니다.

　민주화의 마그마가 꿈틀거리던 80년대 초, 10대의 나이로 제복이 멋있다는 단순한 생각에 젖어 경찰에 덜컥 입문하였습니다. TV 드라마

〈수사반장〉이 멋져 보인 것이 전부였던 병아리 경찰훈련생 생활을 마치고 치안 현장에 몸을 던졌습니다. 민주화의 열기가 용솟음치는 현장에서 돌과 화염병에 멍들고 상처받은 젊은 날을 보냈습니다. 방패와 방석모와 방석복, 최루탄에 의지한 채 '인생은 한 편의 연극이다. 배우는 맡은 배역에 최선을 다할 때 관객의 박수를 받는다.'라는 자기 합리화로 혼란 속에 질서를 유지하는 일을 숙명으로 받아들였습니다. 분단의 고통과 이념의 굴레 속에 지나온 경찰의 자리는 늘 가시방석이었습니다. 그 가시방석에서 오랜 시간을 앉아 있으면서도 불편함을 느끼지 못하고 무뎌진 엉덩이로 지난(至難)한 세월을 보냈던 것 같습니다. 해외 경찰주재관, 권부의 상징 청와대 등에 파견되어 근무하며 한 발짝 떨어져 경찰의 모습도 바라본 적이 있습니다. 경찰의 길 막바지에 이르러 맞닥뜨린 촛불의 불빛은 은은하였으나 그 뜨거움에 화상을 입게 되었습니다. 적폐청산의 대상이 되어 경찰직을 마감하게 되었습니다. '옛날에는 옳았는데 지금은 왜 틀린 것인가?'라며 항변하고 싶은 마음은 없습니다. 역사의 평가는 후진의 몫이기 때문입니다. 하지만 길을 떠나겠다고 문턱을 넘어서려니 자꾸만 뒤를 돌아보게 됩니다. 오(誤)시범도 시범이라는 생각에 마냥 떠날 수만은 없었습니다. 경찰후진들에게 최소한의 도리는 하고 떠나자는 생각을 했습니다. 사마천은 역사를 정리해야 한다는 사명감에 궁형의 치욕을 감내하며 사기 130권을 저술했다고 합니다. 제가 겪었던 경찰의 영욕도 머릿속에 두고 넘어가면 세월에 파묻히게 될지 모른다는 아쉬움에 무모한 글쓰기를 감행하였습니다. 비록 영광스럽지 못하게 마감하는 저의 경찰 시간들일지라도 먼 훗날엔 소중한 자료가 될지 모릅니다.

경험과 기억을 더듬어 사기(史記) 속 고사성어에 빗대어 지난 시간을 되돌아봤습니다. 견강부회(牽强附會)하지 않았나 싶기도 합니다. 글을 쓰면서 다다른 결론을 감히 한마디 덧붙인다면 '시민을 편하게 모시는 것'이 치안이었습니다. 치안은 다름 아닌 '시민과 함께하는 것'이었습니다. 초로의 나이에 빛나지 못한 모습으로 경찰을 떠나지만 머지않은 장래에 대한민국 경찰은 시민이 불편해하는 권력기관이 아닌 시민을 위한 진정한 서비스기관으로 거듭날 것으로 확신합니다. 외람되게 그 숙제를 후배들에게 떠넘기고 떠나게 된 것이 송구할 따름입니다. 명실상부한 세계 최고 서비스기관인 대한민국 경찰의 모습을 기대하며 영원한 경찰인으로 살아가겠습니다.

2019년 겨울,
저문 해를 보내며 대나무골에서

목차

01 안자지어 晏子之御

　안영(통칭 '안자')은 이유 땅 사람으로 제나라 영공, 장공, 경공을 모시면서 근검절약하는 생활로 사람들의 존경을 받았다. 재상이 된 후에도 밥상에 두 가지 이상의 고기반찬을 올리지 못하게 하였고 첩에게는 비단옷을 입히지 않았다. 군왕이 물으면 바른말로 대답했고, 묻지 않을 때는 품행을 단정히 했다. 나라의 도가 바로 설 때는 군왕의 명령에 순응했지만, 도가 무너질 때는 군왕의 명령이라도 가늠해보고 시행해야 할 것만 따랐다. 이런 안영을 모시는 마부가 안영이 외출을 하는데 큼직한 차양을 받쳐 들고 네 필의 말에 채찍을 가하며 꽤 의기양양하고 흐뭇해 하는 모습을 마부의 아내가 보고 남편에게 "당신을 떠나겠다"고 하였는데 그 연유인즉 "안자라는 분은 키가 6척도 안 되건만 재상의 자리에 올라 제후국 사이에서도 이름이 높습니다. 그런데도 그가 외출하는 모습을 보면 매우 사려 깊어 보이고 늘 자신을 아랫사람으로 여기는 것 같습니다. 그런데 당신은 8척이나 되는 키에 남의 마부로 일하면서 스스로 흡족해하는군요. 이것이 제가 떠나려는 까닭입니다"라고 말하였다. 그 후 마부는 자신을 절제하여 겸손한 사람이 되었고 안영은 그를 천거하여 대부로 삼았다.

… 관중 · 안자열전

'안자지어(晏子之御)'란 안자의 마부라는 뜻으로
변변치 못한 지위를 믿고 우쭐하는 사람을 말함.

晏 : 늦을 안, 子 : 아들 자, 之 : 갈 지, 御 : 어거할 어

겸손, 시민에 대한 예의이자 책무이다

경찰관 채용시험에 합격하면 일정 기간 경찰교육기관에 입교하여 교육을 받게 됩니다. 국민의 생명과 재산을 지키는 수호천사로서의 사명감과 긍지를 갖고 시민에게 사랑받는 경찰관이 되리라는 다짐과 기대감이 충만합니다. 비록 예비 경찰관으로 교육생 신분이지만 우쭐한 마음이 들기 마련입니다. 길게는 4년(경찰대학), 짧게는 1년에서 6개월간(경찰간부후보생 1년, 신임순경 6개월) 교육을 받는 과정은 신분상으로는 아직 경찰관이 아니므로 여전히 민간인 신분입니다. 그럼에도 불구하고 교육 기간 중 학생증을 받게 되면 마치 경찰관 신분증을 받은 것 같은 기분이 듭니다. 물론 교육기간 중 운 좋게(?) 소매치기 같은 현행범을 검거하여 표창도 받고 경찰관이 다 된 듯한 짜릿함도 맛보는 경우가 있습니다. 하지만 대부분 졸업 또는 임용되기 전까지는 일반인과 다름없는 신분이기에 자칫 경찰관 행세를 하다가 낭패를 당하는 경우가 있습니다.

과거에 교육생 신분을 망각하고 영화관을 임검(臨檢)한다며 공짜로

영화관 출입을 하거나 주점에 들어가서 업태 위반 행위를 묵인해주겠다며 공짜 술을 마시는 사례도 있었습니다. 이런 일들에 연루되거나 불미스런 일로 임용도 되기 전 퇴교처분을 받는 안타까운 일은 최근에도 종종 일어나곤 합니다. 비록 경찰교육생이라 하더라도 정식 졸업이나 교육이 종료하여 임용되기 전에는 민간인 신분임에도 이런 행위는 경찰관을 사칭하는 관명사칭에 해당하는 불법행위입니다. 경찰관 신분증을 '마패'라고 우쭐해 하며 신분증을 보여주며 위세를 떨던 경찰관도 있었습니다. 특권인 양 동료경찰관들의 묵인하에 경찰관이 음주운전을 당당하게 하던 시절도 있었으니 시민의 입장에서는 얼마나 가당찮은 일이었겠습니까? 급기야 시민단체가 오히려 음주운전 단속 현장에서 음주운전 경찰관이 마패를 제시하며 거들먹거리는 것을 적발하는 캠페인까지 했습니다. 이후 경찰관의 불법무마 마패 제시 행태는 사라지게 되었습니다. 최근에는 오히려 경찰관 신분을 은폐하여 문제가 되는 경우가 종종 발생하고 있습니다. 공권력은 시민으로부터 위탁받은 것에 불과합니다. 마치 자신의 권력인 양 허세를 부리는 일은 민주사회에서는 용납될 수 없는 일입니다. '안자지어(晏子之御)'와 같은 오류를 범하지 말아야 하겠습니다. 특히 경찰과 같이 권력 작용을 하는 국가 공무원의 겸손한 자세야말로 시민에 대한 기본적인 예의이자 책무라는 생각을 가져야겠습니다.

☞ 어느 조직이든 안자의 마부와 같이 문고리 권력을 부리던 사람이 있다. 고위간부들의 운전요원이나 부속실 직원들이 지위에 걸맞지 않게 거들먹거리다가 동료들로부터 눈총을 받는 경우가 종종 있었다. 지금은(?)

별에 대한 오해와 이해

별이 흐린 것이 별 탓인가

고개 들어

그 별 그대로 안은 채

한 걸음 한 걸음

새벽으로 걸어가라

02 여도지죄 餘桃之罪

 미자하라는 이름의 미소년이 위나라 군주의 총애를 받았다. 위나라 법으로 군주의 수레를 몰래 타는 자는 다리를 자르는 형벌인 월형(刖刑)에 처했는데 어느 날 미자하의 어머니가 병이 나자 미자하는 군왕의 수레를 타고 궁문을 나섰다. 이 사실을 안 위나라 군주는 그를 현명하다고 칭찬하였다. 한번은 미자하가 군왕과 함께 과수원을 거닐다가 복숭아를 한입에 베어 먹고는 그 맛이 너무 좋아서 먹던 복숭아를 군왕에게 바치자 군왕은 '참으로 나를 깊이 생각해주는구나. 자기가 입을 대었다는 사실조차 잊고 내게 바치다니.'라고 칭찬했다. 그 후 미자하가 늙고 군주의 사랑이 식었을 때 미자하가 죄를 짓자 '미자하는 지난날 나를 속이고 내 수레를 탔으며, 자기가 먹던 복숭아를 내게 주었다.'며 과거에는 총애를 받던 일이 나중에는 죄의 근원이 되었다.

… 한비열전

해설

'여도지죄(餘桃之罪)'란 먹다 남은 복숭아를 먹인 죄라는 뜻으로
총애를 받은 것이 도리어 죄를 초래하는 원인이 된다는 말임.

餘 : 남을 여, 桃 : 복숭아나무 도, 之 : 갈 지, 罪 : 허물 죄

어설픈 간언, 상사의 마음을 떠나게 할 수 있다

경찰조직은 순경에서 치안총감까지 무려 11개 계급체계로 된 계층적 조직입니다. 범죄에 대한 신속한 진압과 다양한 범죄환경에 대해 국민의 생명과 재산을 보호하는 임무를 수행하기 위해서는 일사불란한 지휘체계가 갖춰져야 합니다. 조직의 속성상 촘촘한 계층적 조직 속에 상명하복의 계급체계를 갖출 필요가 있습니다. 하지만 계층적 조직은 의사결정이 상의하달식으로 이루어지는 경우가 많습니다. 구성원들의 주체적인 업무처리 능력을 떨어뜨리는 단점을 가지게 됩니다. 이런 조직 내부 문화는 회의문화에서 극명하게 드러납니다. 최상층부인 경찰청은 물론 최하위 조직인 지구대·파출소에 이르기까지 일일 회의 진행과정을 보면 회의시간의 95% 이상을 그 회의를 주재하는 조직의 장이 말을 하고 있습니다. 회의에 참석한 사람들은 지위고하를 막론하고 받아쓰기에 열중하는 모습입니다. 회의라기보다는 지시사항을 전달하는 시간이라고 보는 것이 맞는 것 같습니다. 회의문화가 이러다 보니 부하구성원이 자신의 의견을 개진한다는 것은 어지간한 마

음을 먹지 않으면 쉽지 않습니다. 상급자의 관대함이 없으면 이루어질 수 없는 것이라고 볼 수 있습니다. 물론 너그러운 일부 상사들은 부하직원의 의견을 많이 듣고자 노력하기도 하지만 기본적으로 속도감 있게 성과를 거두어야 하는 경찰 업무의 속성상 한계가 있게 됩니다.

다소 어설픈 의견이나 아이디어라 하더라도 경청하겠다는 수용의 자세를 발견하기 어려운 것이 현실입니다. 따라서 회의시간에 간간이 의견을 개진하는 부하직원의 행동에 대해 마음을 열고 받아들이는 상사가 많지 않은 것 같습니다. 마치 '네가 게 맛을 알아?'하는 다소 냉소적인 반응이나 '까라면 까!'라는 식의 일방적인 회의 문화에서 어설픈 진언이나 충언이 잘 먹히지 않게 됩니다. 결국 어떤 사안에 대한 의견을 피력하기 위해서는 자기 확신이 있어야겠습니다. 회의에서 무언가 의견을 내야 한다는 중압감이나 아는 것을 말하고 싶은 마음에 별다른 생각 없이 말을 툭 내던져서 미자하와 같은 처지가 되어서는 안 됩니다. 군왕도 마음이 변하여 같은 일을 달리 평가하는데 하물며 조직의 상사들이 성인군자와 같은 사람은 아니라는 것을 명심할 필요가 있는 것 같습니다. 적절하고도 효과적인 대안을 제시할 수 없으면 침묵하는 것이 더 좋을 수 있습니다.

초급간부 시절 경찰서 계장으로 근무하던 후배가 겪었던 일화가 있습니다. 경찰서 계장은 소단위 조직의 실무책임자로 경찰서장에게 각종 계획서나 기안서류를 직접 대면하여 결재를 받는 경우가 많습니다. 초임간부로서 의기양양하게 계획서를 수립하여 경찰서장에게 결재서류를 내밀자 경찰서장이 서류를 제대로 읽어보지 않고 사인만 하여 내심 불안했던 모양입니다. "서장님 내용을 한번 보셔야 합니다."라고 충언을 했습니다. 경찰서장은 "그래? 그러면 자네는 얼마나 많이 알고 있는지 한번 보세나." 하며 서류를 한 자 한 자 꼼꼼히 읽고 질문공세가 이어지자 답변을 제대로 못한 후배는 "죄송합니다."라며 자신의 충언이 야기한 참사를 후회했다고 합니다. 물론 경찰서장이 서류를 꼼꼼히 읽어보지 않은 채 서류에 사인만 하는 행위가 찬사받을 일은 아닌 것이 당연합니다. 하지만 오랜 경험과 경륜으로 서류제목만으로 어떤 내용인지 파악하고 자기 책임을 전제로 한 요식행위인 사인으로 결재하였는데 실무자인 계장은 자신도 제대로 내용을 다 알지 못하면서 상사에게 가르치려 했다는 괘씸한 마음이 자리했습니다.

상사를 잘 보좌하는 참모라며 칭찬을 할 수 있겠지만, 당시 상황에서는 괘씸죄로 몰린 것으로 보입니다. 미자하가 먹던 복숭아를 건넨 행위가 상황에 따라 달리 평가된 '여도지죄(餘桃之罪)'의 의미를 되새겨볼 만한 일화였습니다.

☞ 패기만만하던 후배는 모 지방경찰청에서 경찰서장 등 주요간부로 일하고 있다. 혹시 자신과 같은 패기만만한 후배를 만나 결재서류를 꼼꼼히 다 읽고 있는지 아니면 큰 흐름을 파악하고 사인을 하고 있는지 궁금하다.

03 연저지인 吮疽之仁

오기는 위나라 사람으로 처음에는 노나라 군주를 섬겼으나 그릇이 작고 편협하여 자신을 의심하고 중용하지 않아 위나라로 갔다. 위나라의 문후가 어질고 슬기롭다는 소문을 듣고 간 것이다. 위나라의 문후가 그를 장군으로 임용하여 진나라를 공격해 다섯 개의 성을 얻었다. 오기는 장군이 되자 늘 솔선수범했다. 병사들과 같은 옷을 입고 수레나 말을 타지 않고 먹을 것도 손수 몸에 지니고 다녔다. 그는 부하들을 믿고 사랑했으며 생사고락을 같이했다. 어느 때 병사가 몸에 심한 종기(疽)가 나서 고생하자 오기가 입으로 직접 그 종기의 고름을 빨아 낫게 해주었다. 이 소식을 들은 병사의 어머니가 통곡했다. 이를 이상히 여긴 주위 사람이 그 까닭을 물었다. 병사의 어머니가 말했다.

"그 아이의 아비가 독한 종기에 걸려 고생했습니다. 그런데 오기 장군이 그 종기의 고름을 손수 입으로 빨아 낫게 했습니다. 그 아이의 아비가 감동하여 물불을 가리지 않고 전장에서 싸우다가 마침내 죽었습니다. 이제 그 아들도 또 그럴 것이라 생각하니 가슴이 미어져서 우는 것입니다."

… 오기열전

'연저지인(吮疽之仁)'이란 종기 고름을 입으로 빨아주는 어진 마음을 말함.

吮 : 빨 연, 疽 : 등창 저, 之 : 갈 지, 仁 : 어질 인

아랫사람의 마음을 얻어야 승리한다

　경찰조직은 팀 단위의 일을 하는 경우가 많습니다. 파출소, 지구대도 주로 팀 단위로 움직입니다. 형사팀도 그렇습니다. 경찰리더는 작은 단위의 팀장부터 과 단위의 과장, 경찰서장, 지방경찰청장, 경찰청장 등 여러 계층의 리더들이 있습니다.

　조직의 리더들은 구성원들에 대해 목표달성을 위한 리더십을 잘 발휘해야 합니다. 경찰조직의 경우 초급간부만 하더라도 적게는 3~4명에서 많게는 10명 이상으로 구성된 팀의 리더가 됩니다. 중간간부와 고급간부가 되면 정말 많은 팀원들을 이끌어야 합니다. 중앙부처나 일반 행정부처와 비교하면 직급은 그리 높지 않은 편이지만 일반 행정직 공무원의 단위 리더들보다 훨씬 더 많은 구성원들을 이끌게 됩니다. 따라서 업무의 성패는 결국 자신이 이끄는 구성원들이 일을 어떻게 하느냐로 결정됩니다. 목표달성 여부는 구성원들에게 달려있다는 의미입니다. 일반적으로 리더의 유형은 여러 가지로 나누어집니다. '민주형 – 독재형', '쌍방향형 – 일방향형', '위임형 – 집중형' 등 다양한 리더십이 있습니다. 또한 리더는 구성원들에게 조직의 목표를 달성하

기 위한 비전(Vision)을 제시해야 하며 그런 목표를 달성하기 위한 열정(Passion)을 뿜어야 할 것입니다. 또한 구성원을 위해 언제든지 스스로 희생(Sacrifice)하겠다는 마음가짐이 중요하다고 생각됩니다.

경찰조직은 위기에 대응하는 조직이라고 할 수 있습니다. 대형 사건·사고의 대처가 경찰업무의 주류를 이루기에 위기 상황이 발생했을 때 평소에 어떻게 조직을 이끌었는지에 따라 위기 극복 여부가 달려 있습니다. 어떤 리더십을 발휘할 것인가는 리더 개인의 성향이나 조직 목표, 그리고 구성원의 성격, 상황적 요인에 따라 달리할 수 있습니다.

경찰리더는 많은 구성원을 이끌기에 이들로 인해 책임을 지는 경우가 많습니다. 경찰업무가 워낙 다양하고 국민의 생명과 재산을 보호하는 사안의 중대성 때문일 것입니다. 급변하는 상황에 대한 대처가 미흡하여 시민의 지탄 대상이 될 경우 구성원의 과오가 책임자인 경찰리더에게 돌아가게 됩니다. 따라서 경찰리더는 구성원들이 업무처리에 결정적인 과오를 범하거나 묵과할 수 없는 개인적인 일탈행위에 대해서는 언제든지 책임질 각오로 임해야 합니다. 그런 책임에 대해 억울해하지 않아야 합니다. 아쉬운 것은 경찰의 날 등 주요 기념일에 포상과 관련하여 구성원들보다 경찰 상위 리더에게 훈격이 높은 포상이 주어지는 경우가 많습니다. 지금은 많이 개선되었다고는 하지만 특정 상위 훈격의 표창은 일정 계급 이상이 되어야 주어진다는 점입니다. 이런 관행은 오기가 부하병사의 종기 고름을 입으로 빨고 이에 감복한 부하병사가 목숨을 던져 전장에 임했던 '연저지인(吮疽之仁)'의 리더십과는 너무나 동떨어진 모습입니다.

혹시 아직도 '영광은 나에게, 고난은 부하에게'라는 생각과 행동을 보이는 경찰리더가 있다면 경찰의 앞날은 캄캄한 밤중이라고 봐야 할 것입니다. 그리고 궁극적으로 그 피해는 국민에게 돌아가게 될 것입니다.

붕어빵

검게 달아오른 형틀
두 손 쩍 벌려
멀건 죽 넙죽 받아 마시더니
밋밋했나 팥소 반 숟가락 퐁당

아이구 뜨거워라
나 죽네 나 죽어
조금만 참자
빳빳하게 까칠하게
폼 잡을 수 있을거야

자! 어때 내 모습
아! 요놈봐라 제일 맛있겠네

아이쿠나 속았다
모락 김 피우며 동강 난 내 몸뚱이

붕어빵에 붕어가 없는 게
천만다행이다

04 절영지연 絶纓之宴

초나라 장왕이 투월초의 난을 평정한 공을 세운 신하들을 위로하기 위하여 성대하게 연회를 베풀고 총희로 하여금 옆에서 시중을 들게 하였다. 밤이 되도록 주연을 즐기고 있는데 갑자기 광풍이 불어 촛불이 모두 꺼져버렸다. 그리고 어둠 속에서 불현듯 왕의 총희가 부르짖는 소리가 들렸다. 총희는 장왕에게 누군가 자신의 몸을 건드리는 자가 있어 그자의 갓끈을 잡아 뜯었으니 불을 켜면 그자가 누군지 가려낼 수 있을 것이라고 고하였다. 그러나 장왕은 촛불을 켜지 못하도록 제지하고는 오히려 신하들에게 "오늘은 과인과 함께 마시는 날이니, 갓끈을 끊어버리지 않는 자는 이 자리를 즐기지 않는 것으로 알겠다."라고 말하였다. 이에 신하들은 모두 갓끈을 끊어버리고 여흥을 다한 뒤 연회를 마쳤다. 3년 뒤, 초나라가 진(晉)나라와 전쟁을 하였는데 한 장수가 선봉에 나서 죽기를 무릅쓰고 분투한 덕분에 승리할 수 있었다. 장왕이 그 장수를 불러 특별히 대해준 것도 아닌데 어찌하여 그토록 목숨을 아끼지 않았냐고 물었다. 그러자 그 장수는 3년 전 연회 때 술에 취하여 죽을죄를 지었으나 왕이 범인을 색출하지 않고 관대하게 용서해준 은혜를 갚은 것이라고 하였다. 절영지회(絶纓之會)라고도 한다.

··· 춘추오패 초 장왕의 고사

'절영지연(絶纓之宴)'이란 '갓끈을 끊고 즐기는 연회'라는 뜻으로,

남의 잘못을 관대하게 용서해 주거나 어려운 일에서 구해주면

반드시 보답이 따름을 비유한 말임.

絶 : 끈을 절, 纓 : 갓끈 영, 之 : 갈 지, 宴 : 잔치 연

엄한 신상필벌이 능사가 아닐 수 있다

'미투' 운동이 사회적으로 확산되면서 직장인들의 회식문화가 사라지고 있습니다. 직장인의 회식은 상하동료 간 비공식적인 의사소통의 장으로서 순기능이 많음에도 부작용이 부각되면서 사라지고 있어 씁쓸한 마음이 듭니다. 특히 신세대들의 개인주의적인 성향이 더해지면서 이런 분위기는 가속화되고 있는 것 같습니다. 그동안 '계급장 떼고 합시다.', '야자타임'과 같은 직장문화들을 깊이 들여다보면 상사의 배려 아닌 배려와 이를 틈타 평소 불만에 대한 표출 기회로 이용하려는 부하직원 간의 눈에 보이지 않는 신경전이 있었다고 볼 수 있습니다. 적당한 취기와 가무를 곁들인 회식은 직장생활의 윤활유 역할을 하지만 정도가 지나치면 사고를 치게 되는 일은 고금을 막론하고 인간사인 것 같습니다. 춘추전국시대, 왕이 주관하는 회식자리에서 신하가 왕의 총희를 희롱하는 사건이 발생했습니다. 즉결처분권(?)을 가진 전지전능의 왕권 앞에 사고를 친 신하의 목숨은 바람 앞의 등잔불 신세임은

두말할 필요가 없을 겁니다. 그럼에도 피해자인 장왕은 이를 눈감아주기 위해 결정적인 가해자의 증거를 인멸해줍니다. 그 결과 관용처분을 받은 신하는 전장에서 목숨을 걸고 사투하여 보답합니다. 관용의 보답은 상상 이상이었습니다. 장왕의 리더십이 돋보이는 사건입니다.

경찰조직은 10만이라는 거대조직입니다. 총기를 사용하여 범인을 제압하는 등 물리력을 행사합니다. 지휘체계가 일사불란해야 합니다. 법을 집행하는 기관으로서 구성원들에게 일반 공직자보다 더 높은 도덕성을 요구합니다. 구성원의 과오나 일탈에 대해 일벌백계의 엄벌주의 조직관리가 기본원칙입니다. 따라서 구성원들은 평소 상당히 긴장된 가운데 근무하며 감독자 역시 책임이 엄중하므로 부하의 과오에 대해 너그러움을 베풀 마음의 여유가 없습니다. 상하 간 믿음과 관용보다는 엄벌주의 원칙이 앞서게 됩니다. 어쩌면 경찰업무의 속성상 당연히 그렇게 되어야 할 것입니다. 그러나 사람의 일에는 원칙과 예외가 있듯이 경찰조직 역시 사람으로 구성되어 있어 예외적인 상황에 대해 애써 외면할 필요는 없는 것 같습니다.

경찰관으로 임용된 직후 기동대 소대장으로 현장근무 첫날이었습니다. 지원 간 경찰서의 경찰서장은 현장지휘관들에게 엄하기로 소문 난 분이었습니다. 당시는 학생 시위자들이 기습시위를 하면서 시위유인물을 뿌리고 달아나는 일이 많았습니다. 현장에 배치된 기동대원들은 시위학생들을 현장에서 검거치 못하면 상당한 질책을 받던 시절이었습니다. 배치된 근무지에서 기습시위가 발생했습니다. 소대장으로서 젊은 혈기로 시위학생을 뒤쫓았습니다. 무전병이 뛰어가는 저를 놓쳤습니다. 상황이 발생하면 현장지휘자는 무전을 통해 상황보고를 하면서 현장조치를 해야 합니다. 다급한 마음에 상황보고는 생각도 하지 못하고 달아난 시위학생을 쫓아갔습니다. 경찰서장은 상황을 파악하기 위해 무전기를 통해 저를 계속 찾았던 것 같습니다. 묵묵부답. 결국 시위학생을 검거치도 못하고 돌아오니 경찰서장의 질책과 자신이 있는 장소로 오라는 불호령이 무전기를 타고 쩌렁쩌렁 울리고 있었습니다. 주변을 돌아보니 경찰서장의 지휘차가 길 건너편 깜박이 등을 켠 채 긴 안테나를 의기양양하게 하늘로 치솟게 꽂고 있는 모습이 보였습니다. 'H서장에게 걸리면 쪼인트 까이고 반 죽는다.'는 소문을 들었던 적이 있는지라 '죽었구나!' 생각하고 도살장에 끌려가는 개처럼 고개를 떨궈 길을 건너려는데 "이번에 나왔는가? 내가 서장에게 얘기할 테니, 자네는 기동대 버스로 돌아가게" 적당히 이마가 벗겨진 인상 좋게 생긴 과장급 간부가 저를 돌려보내고는 길 건너 경찰서장 차량으로 가서 서장에게 무언가를 얘기했습니다. 잠시 후 경찰서장 차량은 제 눈에서 사라졌고 저는 죽은 목숨이 다시 살아온 듯 안도의 한숨을 쉬며 무전병에게 저 간부가 누구냐고 물었습니다. 관할경찰서 경비과장이라고 했습니다. 그 사건 이후 그 경찰서에 지원을 가면 초긴장 상태로 상황대비를 했습니다.

이후 승진을 하고 기동대 중대장으로 지방근무를 하면서 구세주 같은 그 경비과장님을 경찰서장으로 모시고 근무를 하게 되었습니다. 장왕으로부터 너그러운 은혜를 입은 신하처럼 서장님 관할경찰서에 배속 기동대 지휘관으로 정말 열심히 근무했던 것 같습니다. 그를 통해 나 역시 경찰지휘관이 되었을 때 장왕과 같은 정도는 아닐지라도 초임 경찰관에게 힘이 되어준 경비과장님과 같은 덕장이 되어야겠다고 다짐했던 기억이 납니다. 그 일은 경찰고급간부가 되어 부하경찰관의 과오에 대해 원칙과 관용 사이를 고심해야 할 때 어떤 결정을 해야 할지 한 번 더 생각하게 한 좋은 경험이었던 것 같습니다.

☞ 나를 혼내려고 했던 그 호랑이 경찰서장은 훗날 직속상사가 되었고 승승장구하여 경찰청장이 되었다. 당시 관용(?)이 한몫한 건 아닌지 모르겠다.

05 일모도원 日暮途遠

초나라 사람 오자서는 그의 아버지 오사와 형 오상이 소부 비무기의 참언으로 초 평왕에게 죽임을 당했다. 오자서는 자신도 처형하려는 평왕의 간계를 간파하고 오나라로 도망가 관직에 오른 후 오왕 합려를 설득하여 초나라를 공격하였다. 오자서 자신이 직접 군사를 이끌고 초나라 수도를 공격해 함락시켰으나 평왕은 이미 죽고 없었다. 그 후계자인 소왕의 행방 또한 알 수 없게 된 오자서는 평왕의 무덤을 파헤치고 그 시신을 꺼내 300번이나 채찍질을 가하였다. 산중으로 피신한 친구 신포서가 오자서의 행동을 지적하며 "일찍이 평왕의 신하로서 왕을 섬겼던 그대가 지금 그 시신을 욕되게 하였으니 이보다 더 천리에 어긋난 일이 또 있겠는가?" 하였다. 이 말을 들은 오자서는 "해는 지고 갈 길은 멀어(日暮途遠), 도리에 어긋난 일을 할 수밖에 없었다."고 하였다.

··· 오자서열전

'일모도원(日暮途遠)'이란 날은 저물고 갈 길은 멀다는 뜻으로
할 일은 많지만 시간이 없음을 비유한 말임.

日 : 해 일, 暮 : 저물 모, 途 : 길 도, 遠 : 멀 원

사각지대가 생기는 순찰을 경계하라

　사람은 자기 행동의 당위성이나 정당성에 대해 집착을 하게 됩니다.
따라서 명백히 도리와 사리에 어긋난 일임에도 '그렇게 할 수밖에 없었
다.'는 말을 하게 됩니다. '처녀가 애를 낳아도 할 말이 있다'는 말도 같
은 맥락일 것입니다. 사람들은 이런 말을 변명이라고 합니다. 오자서
도 평왕의 시신을 파헤쳐 매질을 하는 기이한 행동(굴묘편시: 掘墓鞭屍)
을 하고서도 해가 저물고 갈 길이 멀어(日暮途遠) 도리에 어긋난 일을
했다(倒行逆施)는 말로 자신의 행동에 대해 당위성이나 정당성을 주장
합니다. 물론 '도행역시'라는 말로 전혀 거리낌 없는 행동은 아니라는
내심을 비치긴 합니다. 그런데 해가 저물고 갈 길이 멀다는 말로 행동
의 당위성을 말하는 오자서의 말에 대해 지금은 물론 그 당시에도 동
의하기 쉬운 말은 아니었던 것 같습니다.

　경찰업무의 중요한 부분은 범죄예방과 진압입니다. 두 가지 중 더
중요한 업무는 예방업무라 할 수 있습니다. 소 잃고 외양간 고치면 더

이상 소를 잃지 않더라도 잃은 소를 찾을 수 없거나 찾기 쉽지 않다는 사실에서 예방업무의 중요성을 알 수 있습니다. 범죄 예방을 위한 여러 가지 활동 중 빼놓을 수 없는 것이 '순찰' 업무라고 할 수 있습니다. 주로 지구대·파출소에서 이루어지는 업무입니다. 외근 경찰관은 관할구역에서 도보순찰, 자전거순찰, 오토바이순찰, 112순찰차 순찰 등 지역 여건에 따라 다양한 형태의 순찰활동을 합니다. 범죄의 기동화, 광역화가 이루어지면서 이제는 도시와 농촌 구분 없이 대부분의 순찰은 순찰차를 타고 순찰을 하고 있습니다. 순찰의 방식도 여러 가지가 있습니다. 정선 순찰, 밀어내기 순찰, 지그재그 순찰 등 범인의 범죄포기와 범죄분위기 제압을 위해 여러 가지 형태로 이루어지고 있습니다. 과거에는 중요 범죄 취약지역에 순찰함을 설치하여 외근 경찰관들이 그 지점을 순찰하고 순찰함에 있는 순찰표에 시간을 기록하기도 했습니다. 실효성 의문과 순찰 경찰관을 불신하는 제도라는 논란으로 순찰함 제도는 사라진 것 같습니다. 외근 경찰관의 순찰업무는 쉬운 업무가 아닙니다. 한여름 뙤약볕 아래나 한겨울 매서운 추위를 감당하며 골목길 구석구석을 누비는 도보순찰은 순찰차를 이용한 순찰제도로 바뀌면서 많이 나아지긴 했습니다. 그래도 신고출동을 받고 현장조치를 하거나 순찰차를 세워두고 거점을 지키는 근무는 긴장감을 늦출 수 없는 업무입니다. 특히 야간시간대에 졸음과 싸우면서 하는 업무는 정신적 육체적 고단한 업무임은 틀림없습니다. 경찰은 이를 완화하기 위해 2부제 ⇨ 3부제 ⇨ 4부제와 같은 부제를 도입하는 등 많은 노력을 기울였습니다. 개선되었다고 하나 여전히 고강도의 노동입니다. 잦은 야간근무가 심혈관계 질환을 일으킨다는 임상보고서를 내밀지 않더라도 낮에 일하고 밤에 휴식을 취해야 하는 것이 정상적인 신체리듬입니다. 밤낮이 바뀐 업무로 재직 중 또는 퇴직 후 생긴 질환은 일종의 산업재해라고 볼 수 있습니다. 자연스런 신체리듬에 역행하는 업무 탓에 일부 경찰관은 가끔씩 근무종료시간이 임박하면 정해진 순찰시간보다 일찍 철수하는 사례로 지적이나 문책을 받곤 합니다. 특히 심야근무나 새벽근무를 마칠 때쯤이면 근무 20~30분 전부터 퇴근을 염두에 두고 순찰코스를 단축하거나 자칫 다음 조에게 업무를 떠넘기고 싶은 유혹에 빠지게 됩니다. 이런 관행이나 습성으로 인해 가끔씩 근무공백이나 사각시점에 범죄가 발생하여 시민들의 빈축과 비난을 받게 됩니다. 해는 저물고 갈 길은 멀다고 한 오자서의 말처럼 '해는 떠오르고 퇴근시간은 임박하고' 일모도원(日暮途遠)이 아니라 일기임박(日起臨迫)의 변명을 하는 꼴이 될 수 있습니다. 촘촘한 거물망식 순찰을 소홀히 하여 발생한 범죄로 시민이 치명적인 피해를 입을 경우를 생각하면 아찔합니다.

　범죄예방을 위한 경찰활동의 기본인 순찰의 중요성은 아무리 강조해도 지나치지 않을 것입니다. 내가 5분 일찍 철수한 시간에 어떤 여성이 길거리에서 성폭행을 당하여 일생의 상처로 살아간다면 그 죗값을 범인에게만 지울 수 있을까요? 오자서가 일모도원이라고 한 말에서 조직이든 개인이든 자신의 행동에 대한 당위성이나 정당성 주장이 어처구니없는 변명거리가 될 수 있다는 사실을 교훈으로 얻을 수 있는 대목인 것 같습니다.

고흐가 잠 못 이루던 밤

뜨거움과 달콤함
물빛으로 변할수록
희미해져가는 심장의 떨림

무심코 떨어지는
오동나무 한 닢 때문에
잠 못 이루던 그 밤

희미하게 쓰러진
불빛마저 머금고

검푸른 강보가
대지를 잠재웠다

06 사목지신 徙木之信

　진(秦)나라 효공이 개혁가 상앙을 내세워 옛 법을 고치게 하여 새 법을 마련하여 국가의 부강을 도모하려 하나 백성들이 믿지 않을까 공포를 미루었다. 이에 높이가 세 길이나 되는 나무를 도읍 저잣거리 남문에 세우고 백성들에게 말했다. "이 나무를 북문으로 옮기는 자에게는 10금을 준다." 그러나 모두 이를 이상하다고 여겨 옮기려는 자가 없었다. 이에 다시 말했다. "이 나무를 옮기는 자에게는 50금을 준다." 어떤 사람이 그것을 옮기자 그에게 즉시 50금을 주어 나라가 백성을 속이지 않는다는 것을 분명히 했다. 그런 뒤 새 법을 공포했다. 이후 법을 제대로 지키지 않는 상층부부터 엄하게 처벌하여 모범을 보임으로써 백성들이 모두 새 법을 잘 지켰다.

… 상군열전

'사목지신(徙木之信)'이란 나무를 옮겨 신용을 얻었다는 뜻으로
위정자가 백성을 속이지 아니함을 말함.

徙 : 옮길 사,　木 : 나무 목,　之 : 갈 지,　信 : 믿을 신

말보다 실천이다

'에이, 정말 그렇게 하겠나?', '말은 그렇게 하지!' 이런 말들은 어떤
일에 대해 신뢰를 받지 못할 때 상대방으로부터 듣는 말입니다. 개인
이든 조직이든 어떤 일을 함에 있어 상대방으로부터 신뢰를 얻지 못하
면 하고자 하는 일이나 목표를 달성할 수 없습니다. 신뢰란 믿음을 말
하는 것입니다. 예수님의 부활과 기적의 역사를 과학적 사고와 합리적
이성으로 뭉친 현대인조차 믿는 것은 바로 신앙적 믿음 때문입니다.
신뢰란 약속을 지키는 것에서 출발합니다. 아이들에게 부모가 조건을
내겁니다(조건을 거는 방식의 자녀 교육이 바람직한 교육방식인지는 별론으로 하겠
습니다).

"1시간 공부하면 컴퓨터 게임 30분 하게 해줄게." 아이는 부모의 말
을 듣고 30분의 게임을 즐길 생각에 열심히 공부합니다. 1시간 후 부
모는 언제 그런 약속을 했느냐는 듯이 "겨우 1시간 공부하고 게임하겠
다는 거야? 공부 더 해!"라고 하여 아이의 기대를 한꺼번에 무너뜨립
니다. 아이가 다음부터는 부모의 말을 믿지 않게 되는 것은 불을 보듯

휜한 일입니다. 진 효공을 도와 중국역사에서 가장 성공적인 변법을 단행함으로써 진나라를 전방위적으로 부강하게 한 개혁가 상앙의 비법은 바로 백성과의 약속을 지킨 것이었습니다.

경찰인사의 투명성과 공정성 시비는 조직의 70여 년 역사만큼이나 오랜 세월 동안 풀리지 않은 문제였습니다. 지난 시절 경찰은 인사가 끝나면 뒷말이 무성했습니다. 돈을 얼마 썼다느니, 누구에게 빽을 썼다느니. 인사가 만사라는 말이 있습니다만 늘 인사가 망사(亡死)가 되었던 것 같습니다. 조직계층이 첨예한 피라미드 구조이다 보니 상층부로 올라갈수록 승진이 힘듭니다. 따라서 경쟁이 치열할 수밖에 없습니다. 문제는 그런 경쟁의 결과물에 대한 평가가 공정하게 이루어지지 않았습니다. 공공행정은 기업처럼 성과를 가름하기가 쉽지 않습니다. 평가시스템을 아무리 정교하게 만든다고 하더라도 실적을 비교하는 일이 쉽지 않습니다. 그런 맹점이 결국 평가자로 하여금 공정하고 투명한 평가 잣대를 사용치 않고 자의적이거나 외부의 입김에 휘둘리게 합니다. 구성원들의 인사에 대한 불신이 팽배해 있었습니다. 경찰청장이나 경찰서장에 이르기까지 인사권자들은 인사철만 되면 '인사를 공정히 하겠다.', '실적에 따라 승진을 시키겠다.', '인사 청탁을 하면 엄벌에 처하고 불이익을 주겠다.'고 숱한 공언과 엄포를 놓습니다. 그럴 때마다 경찰관들은 인사철이면 의례적으로 인사권자들이 하는 말이라며 신뢰하지 않았습니다.

'에이, 말이야 그렇게 하는 거지', '정작 힘센 놈은 안 들어 줄 수 없을걸?'이라는 말로 비아냥거리기까지 합니다. 그동안 인사권자들의 언행불일치가 낳은 인사불신 풍조가 만연해 있는 것입니다. 인사권자의 공정한 의지도 버티지 못하는 경우가 많습니다. 주변의 압력이나 청탁에 얽히고 굴복하게 됩니다. 공언과 엄포와 달리 인사결과는 불공정하게 이루어졌다는 평가가 많았습니다. 최근 몇 년 사이에 자기내신제나 동료추천제 등 시스템을 통한 인사공정성을 위해 많은 노력을 기울이고 있습니다. 많은 개선이 이루어졌다고 자부하고 있습니다만 인사결과는 늘 상반되는 사람이 있기 때문에 승복이 잘 안 되는 점이 있긴 합니다. 아직은 완전히 공정한 인사제도가 정착되었다고 단언하기에는 이른 것 같습니다. 인사권자들은 인사철이 되면 '인사 청탁자는 공표하겠다.'는 엄포를 놓곤 합니다. '에이, 정말 그렇게 하겠어?' 마찬가지로 구성원들 사이에서 불신과 비아냥거리는 말들이 나돌게 됩니다. 어느 해였는지, 지역의 정치권 인사를 통해 인사 청탁을 한 경찰서 간부가 인사권자로부터 직접 심한 질책을 받았다는 소문이 조직 내부에 돌았습니다. 그런 여파로 인사 청탁자가 없었는지 인사 청탁자 명단은 공개되지는 않았습니다. 하지만 그 간부의 빽이 진짜 실력자였다면 질책을 받았겠느냐는 뒷말이 나돌았습니다. '약한 놈한테 빽쓰니까 당했다'는 말로 폄하하여 인사권자의 인사 청탁근절 의지를 무색하게 만들었습니다. 이런 고착된 불신은 결국 그동안 인사권자들이 자초한 일인 것 같습니다. 무릇 경찰인사권자는 상앙의 사목지신(徙木之信)과 같은 약속을 지키는 언행일치의 자세와 의지를 잃지 않아야 하겠습니다.

☞ 인사 이후 늘 확인되지 않은 뒷말들이 난무하는 행태는 결국 인사권자의 약속 불이행이 자초한 것인데 뒷말을 한 사람을 색출하겠다고 엄포를 놓는 일이 잦아 인사에 대해 더욱 냉소적인 분위기로 이어졌던 것 같다.

07 합종연횡合從連橫

　　동주의 낙양사람인 소진은 진나라 동쪽에 있는 제, 초, 조, 연, 한, 위나라 6개 나라를 돌며 유세하기를 '진 밑에서 닭의 머리가 되자'고 설득하는 등 6개국을 종적으로 연합시켜 공동 재상에 추대되어 서쪽의 강대한 진나라에 맞서는 공수동맹을 맺었다(이를 合從策이라 함). 그러나 합종책은 6개국의 이해관계가 제각기 달랐기 때문에 그리 오래 가지 못했다. 귀곡선생 밑에서 소진과 같이 동문수학했던 위나라 장의는 합종은 일시적 허식에 지나지 않으며 진을 섬겨야 한다고 6개국과 개별로 횡적 동맹을 맺는데 성공하였다(이를 連橫策이라 함) 진은 장의의 활약으로 말미암아 통일의 대업을 이룩하기 위한 유리한 조건을 획득한 뒤 이후 6개국을 차례로 멸망시켜 중국을 통일하였다.

··· 소진열전, 장의열전

'합종연횡(合從連橫)'은 전국시대 최강국인 진(秦)과
연, 제, 초, 한, 위, 조 6개국 사이의 종적, 횡적 연합을 하는 외교전술을 말함.

合 : 합할 합, 從 : 좇을 종, 連 : 잇다을 연, 橫 : 가로 횡

시민에겐 치안관할이 없다

정당은 권력을 쟁취하는 것이 기본적인 목표입니다. 국리민복의 이상을 실현하기 위해서는 정권을 잡아야 하기 때문입니다. 정권쟁취를 위해서 철천지원수처럼 싸우기도 합니다. 다시는 서로 안 볼 것 같이 걱정될 정도로 싸움을 합니다. 그런데 그런 걱정은 기우에 불과합니다. 언제 그랬냐 싶게 다시 손을 잡고 웃음을 나누기도 합니다. 범인(凡人)들은 해내기 힘든 일들을 합니다. 특히 선거철이 되면 피아가 구분이 안 될 정도로 정치인들의 이합집산이 비일비재합니다. 정치권이 합종연횡을 한다고 합니다. 전국시대 전국 7웅이 천하의 패권을 잡기 위해 행해졌던 합종연횡의 외교전술을 빗대어 한 말 같습니다. 이념, 지역, 세대, 등 다양한 형태의 짝짓기와 흩어짐이 횡행하는 게 정치현실입니다. 모든 것이 국민을 위한 결정과 결단이라면 마다할 이유가 없는 전략과 전술일 수 있습니다. 그런데 깊숙한 내면이 당리당략의 차원이라면 전국시대 권모술수가 난무하던 모습과 별반 다를 게 없습니다. 21세기임에도 그만큼의 세월 이전 인간의 행태와 같다면 역사

가 발전하고 있다는 가설에 쐐기를 박아야 마땅한 것 같습니다.

'치안은 과학이며 전략이다'라는 신조를 내건 경찰지휘관이 있었습니다. 종전의 치안활동이 주먹구구식이거나 전략적이지 않아 효율성이 떨어진다고 본 것 같습니다. 새로운 패러다임을 정립하는 신조라는 점에서 당시에는 참신한 발상이었던 것으로 받아들였습니다. 나름 체계적이고 과학적인 치안전략을 마련해야 한다는 방향제시를 했다는 점에선 한 단계 나아갔다고 생각됩니다. 저는 치안전략에서 전국시대 합종연횡의 전략을 접맥시켜봤습니다. 대한민국 치안은 세계적인 수준입니다. 한국을 방문한 외국인의 치안에 대한 평가는 대단히 높습니다. 밤거리를 자유롭게 다닐 수 있는 나라로 여겨지고 있습니다. 물론 치안을 담당하는 경찰 등 국가기관만의 노력으로 이루어졌다고 생각하지는 않습니다. 경제력, 시민정신, 법제도 등 다양한 요소가 결합하여 치안력이 나타난다고 봅니다. 하지만 현장에서 직접 발로 뛰는 경찰이 가장 큰 역할을 한다는 사실은 부정할 수 없습니다. 대한민국은 강력한 국가경찰제도를 운영해왔습니다. 전국적으로 일사불란한 지휘체계를 유지하여 범죄가 광역화, 기동화되는 추세에도 잘 대응하고 있습니다. 이것은 경찰청을 최상층부로 하여 지방경찰청, 경찰서, 지구대·파출소로 이어지는 종적 지휘체계와 17개 지방청 간 그리고 각 지방청 소속의 경찰서 간 횡적 협조체계 때문에 가능했다고 봅니다.

조직 내부적으로는 기능 간 칸막이를 제거하자는 조직문화의 변화도 한몫을 하고 있습니다. 참 오래된 이야기입니다만 한강 상류에서 변사체가 발견되면 관할 상류쪽 경찰서가 현장에 출동해 시신을 하류쪽 경찰서로 밀어보내기도 했다는 웃고픈 자화상이 있습니다. 횡적 협조를 너무 과신한 것은 아니겠지요? 잊을만하면 한 번씩 국민의 비난 도마에 오르는 일이 바로 관할싸움입니다. 행정의 관할은 시민의 편익을 위해 운영되는 제도입니다. 그런데 운영과정에서 공무원 중심으로 바뀌는 경우가 많습니다. 떠넘기기식 업무처리가 발생합니다. 피해는 시민에게 돌아가게 됩니다. 경찰관들의 관할싸움 잔존폐해는 많이 사라지고 있습니다. 그럼에도 간헐적으로 발생하는 일은 시민에 대한 공복의식이 부족한 탓인 것 같습니다. 시민에게는 치안관할이 없습니다. 00경찰서, 00지구대 경찰관이 아닌 대한민국 경찰이 업무를 처리해주기를 바라고 있습니다. 자치경찰제가 시행될 것 같습니다. 분권과 주민 복지 치안이라는 측면에서 제도의 긍정적인 점이 많을 것입니다. 하지만 관할 떠넘기기로 장점이 단점으로 변질될까 걱정스럽습니다. 실제 업무를 해야 하는 일선의 경찰관들 가운데도 기대 못지않게 걱정하는 목소리가 있다고 합니다. 자치경찰이 안고 있을 파편적, 분리적 지역주의의 단점을 극복하여 대한민국을 종적, 횡적으로 연합하고 협조하는 치안체계가 되었으면 합니다.

공기밥

더 많이 담고 싶었는데
한 공기 더 줄 수 있는데

모락 김이 오래 가야될 텐데
빨리 와서 먹었으면 좋을 텐데

공기밥 한 그릇은 기다림이었다
밥 한 공기는 사랑이었다

"밥은 먹고 다니냐?"
"바빠요."

08 고침이와 高枕而臥

장의는 소진의 합종책을 와해시키기 위해 합종 6개국을 상대로 연횡책을 펼쳤다. 그 첫 번째 나라인 위나라를 대상으로 위 애왕에게 설득을 하였다.

"위나라는 소국에다 군사가 30만에 불과합니다. 사방으로 제, 한, 초, 조와 이웃해 있어 전쟁터가 되기 십상입니다. 따라서 잘못 연합했다가는 사분오열이 될 수 있습니다. 비록 백마를 베어 피를 마시면서 합종을 맹약해도 다투는 일이 비일비재한데 그까짓 약속이 무슨 소용이 있겠습니까? 생각건대 위나라는 진을 섬기는 것보다 더 나은 방책은 없습니다. 진을 섬기면 초, 한은 움직이지 못할 것이며 위나라에 그들의 위협이 없다면 대왕은 베개를 높이 하여(高枕) 편안히 잘 수 있고 (而臥) 나라에 우환이 있을 까닭이 없지요."

위 애왕은 장의의 세치혀(三寸舌)에 넘어가고 말았다. 결국 위나라는 합종책을 포기하고 연횡의 대열에 가담하는 첫 나라가 되었고 이때부터 진은 합종을 와해시킨 다음 마침내 위나라를 포함한 6국을 멸망시키고 천하통일의 대업을 달성했다.

··· 장의열전

해설

'고침이와(高枕而臥)'는 베개를 높이고 마음 편히 잔다는 뜻으로
근심 걱정 없이 살아간다는 말임.

> 高 : 높을 고, 枕 : 베개 침, 而 : 말 이을 이, 臥 : 엎드릴 와

편히 잠들지 못하면 선물도 뇌물이다

세상에 근심·걱정 없이 살아가는 사람이 몇 사람이나 될까요? 삶 자체가 늘 근심과 걱정 그 자체인 것 같습니다. '걱정해서 걱정할 일이 없어지면 걱정도 없겠다.'는 티벳 속담이 있습니다. 걱정한다고 걱정이 해소되지 않으니 아예 걱정 자체를 하지 말라는 말인 것 같습니다.

사람들은 근심과 걱정을 해소하기 위해 종교에 의지하기도 합니다. 돈이 많은 사람은 더 많은 돈을 바라는 마음과 가진 돈을 잃을까 걱정을 하게 됩니다. 권력을 가진 사람도 그럴 것입니다. 명예를 가진 사람도 그럴 수 있습니다. 돈, 권력, 명예에 대한 집착이 근심과 걱정을 일으키는 것들임에도 사람들은 그것을 추구하게 됩니다. 결국 근심과 걱정은 사람들이 스스로 만든 올가미인 것 같습니다. 불가(佛家)에서는 이런 괴로움과 근심에서 벗어나는 해탈과 열반을 추구합니다. 기독교는 사랑을 베풀어서 인간이 짊어진 욕망을 덜게 하려는 것이 아닐까 싶습니다. 천하를 쟁패하려는 제후들도 잠을 편히 잘 수 없을 정도로 늘 근심과 걱정 속에서 지냈던 것 같습니다. 장의는 그런 제후의 마음

을 읽고 계책을 내면서 베개를 높이하고 편히 잘 수 있다고 설득합니다. 근심과 걱정이 사라지고 잠을 편히 잘 수 있다고 설득했으니까요. 하지만 잠을 편히 자거나 편히 자지 못하는 것도 결국 자신에게 달려 있는 것 같습니다. 공직을 수행하고 있으면 많은 유혹에 시달릴 수 있습니다. 인·허가권을 가지거나 단속권을 가진 공무원의 경우 그 유혹의 강도는 상상을 초월하게 됩니다. 김영란법이 제정되어 작은 선물조차도 처벌될 수 있을 정도로 공직부패를 위한 제도적 장치가 마련되어 가고 있습니다. 공직부패는 공직자의 의지만으로 이루어지지 않을 수 있습니다. 시민의식과 법제도 등 여러 가지 제도적 장치들이 마련되어야 합니다. 그럼에도 연고주의와 정(情) 문화가 만연한 우리 사회에서 청렴한 공직문화를 만들어 가는 일은 쉽지 않습니다. 선물과 뇌물의 경계선이 애매한 경우가 많습니다. 김영란법으로 구체적인 액수와 경우를 규정해두었다고 하나 액수의 과다로 선을 긋기에는 한계가 있습니다. 그래서 혹자는 이런 기준을 제시합니다. '받고 잠이 잘 오면 선물이고 잠이 잘 오지 않으면 뇌물'이라고 합니다. 우스갯소리로 치부하기엔 오묘한 이치가 있는 것 같아 새겨볼 부분인 것 같습니다. 양심의 잣대만큼 정확한 잣대가 없기 때문입니다. 민원인이든 지인이든 누군가로부터 대가 여부와 관계없이 받은 금품이 혹시나 문제가 되지 않을까 전전긍긍하며 근심과 걱정거리가 되어 잠을 설친다면 정말 부적절한 금품일 것입니다. 아무리 작은 것이라도 뇌물로 봐야 한다는 것입니다. 그런데 아무리 큰 것을 받고도 잠만 잘 자는 간 큰 공무원(?)은 어떻게 되는 것인지? 명확한 답은 아닌 것 같습니다. 어쨌든 공직자의 청렴성은 선진국의 척도일 수 있습니다.

경찰의 청렴도가 많이 향상되었다고 합니다. 길거리에서 교통딱지

장사를 하던 오명은 거의 사라진 것 같습니다. 그럼에도 공직자는 오 얏나무 아래에서 갓끈을 고치는 일조차 조심해야 합니다. 특히 단속 권을 가진 경찰공무원은 더욱 지켜야 할 덕목이라고 생각됩니다. 잠이 보약입니다. 섣부른 유혹에 넘어가서 잠을 설쳐 정신적·육체적 건강을 해쳐서는 안 됩니다. 장의가 한 말, 고침이와(高枕而臥)를 새겨봐야 하 겠습니다.

☞ 아직도 교통경찰에 단속되어 어떻게 빠져나왔는지를 무용담처럼 뒷담화 를 하는 시민이 있다. 경찰을 매수할 수 있다는 생각을 가진 시민이 없어야 진정한 선진국이다.

09 전화위복 轉禍爲福

　전국 7웅 중 가장 강국인 진나라는 연나라를 자기편으로 끌어들이기 위해 공주를 연나라 태자에게 보냈다. 그해에 연나라 왕이 죽고 태자가 새로운 왕이 되었다. 제나라는 연나라가 상중임을 틈타 연나라를 공격하여 열 개의 성을 점령하는 사건이 벌어졌다. 연나라 왕은 6개국 합종을 주도하던 소진을 불러 질책하였다. 소진은 제나라로 가는 사신을 자청하여 제왕을 만나 약소국인 연나라를 공격한 것은 혼인관계를 맺은 강적 진나라를 적으로 만든 처사로서 독초의 일종인 오훼를 먹은 것이나 마찬가지임을 비유하며 상황의 심각성을 설파하였다. 이에 제왕은 걱정스럽게 어떻게 해야 할지를 소진에게 묻자 소진은 "성공하는 자는 화(禍)를 복(福)으로 바꿀 줄 알고, 실패를 성공의 어머니로 삼는다."는 말을 하며 연나라로부터 빼앗은 열 개의 성을 돌려주는 것이 상책이라고 하였다. 제왕은 소진의 말을 듣고 즉시 빼앗은 성을 연나라에 반환하였다.

… 소진열전

'전화위복(轉禍爲福)'이란 화가 오히려 복이 된다는 뜻으로
어떤 불행한 일이 있더라도 끊임없이 노력과 강인한 의지로 힘쓰면
불행을 행복으로 바꿀 수 있다는 말임.

轉 : 구를 전, 禍 : 재화 화, 爲 : 할 위, 福 : 복 복

―흄―悲하지 말라

세상살이가 복으로만 가득 차 있으면 좋으련만 꼭 그렇지만 않은 것 같습니다. 세상 부러울 것 없는 사람 같지만 속살을 살펴보면 삶의 주름과 상처들이 군데군데 있는 것이 삶입니다. 재벌가는 돈으로 따지면 남부러울 것 없는 사람들로 비춰집니다. 그런데 가끔씩 재벌가 가족의 의문의 자살소식이나 갑질과 같은 사회적 물의로 비난을 받는 뉴스를 접하면 돈이 다는 아닌 것을 깨닫게 됩니다. 수십 년 종이를 주워 모은 돈을 장학금으로 쾌척하시는 할머니 얘기는 화를 복으로 바꾸는 일입니다. 끼니를 제대로 챙기지도 못할 정도의 궁핍한 삶이지만 복으로 바꾼 삶입니다. 인생사 새옹지마라는 말도 같은 말입니다. 하지만 사람들은 눈앞에 보이는 복(福)에 환호하고 화(禍)에 분노하거나 좌절합니다.

삶은 자기가 끼고 있는 안경 도수만으로 볼 일이 아닌 것 같습니다. 때로는 끼고 있던 안경을 벗은 채 삶이란 피사체를 조금은 멀리 두고

보거나 눈을 지그시 감고 전체적인 모습을 볼 필요가 있습니다. 직장인에게 인사는 중요한 목표일 수 있습니다. 자신이 일하고 싶은 부서에 배치되고 싶은 마음, 능력을 발휘하는 보직, 열심히 일한 대가에 대한 보상으로 주어지는 승진 같은 것들이 직장인에게 매우 중요한 일입니다. 자기성취라는 거창한 말 이전에 가장으로서 체면 같은 것들로 인해 인사에 대해 예민해집니다. 유능한 남편, 아내, 부모, 자식으로 인정받고 싶은 마음이 승진을 향한 중요한 동기이기 때문입니다.

경찰관은 연말이면 인사철이 됩니다. 누가 승진하고 누가 어느 자리로 간다고 하는 무성한 복도통신으로 연말연시 분위기만큼 들뜨기 마련입니다. 인사대상자들의 초조함은 두말할 나위가 없습니다. 하지만 인사는 상대적이라 승진자가 있으면 탈락자가 있고, 좋은 보직에 어떤 사람이 배치되면 어떤 사람은 원하지 않는 보직으로 밀려나게 됩니다. 탈락의 고배와 좌천의 쓰라림이 교차하는 삶의 현장입니다. 희비가 엇갈리는 인사물결에 승진자와 희망보직을 받은 구성원의 환희의 소리가 탈락자나 좌천된 사람의 실망감과 울분을 덮어버립니다. 환희의 축배와 고배의 한숨은 영원하지 않습니다. 환희의 축배는 들뜬 웃음소리와 장밋빛으로 채워지지만 고배의 한숨은 다양한 형태로 나타납니다. 인사에 대한 불공정과 섭섭함을 사직이라는 빅카드로 표출하는 사람도 있으며 그런 강심장이 아닌 사람은 불만을 가슴에 품고 조직생활에 냉소적이거나 주변인으로 변하는 사람도 있습니다. 반대로 긍정적인 사람도 있습니다. 자신의 부족함을 인정하며 다음 기회를 모색하는 사람입니다. 그런데 세상일이라는 것이 복만 있고 화만 있는 것이 아니라는 이치는 인사에도 마찬가지인 것 같습니다. 좋은 보직, 희망하는 보직으로 배치되었거나 승진으로 좋아하던 사람이 그 보직에 가지 않았더라면, 승진되지 않았더라면 하는 후회감을 맛보는 일이 생기곤 합니다.

자리가 사람에게 책임을 씌우게 되는 것이 직장생활입니다. 특히 경찰업무는 그런 일이 더욱 많습니다. 다들 기피하는 부서에 좌천성 발령을 받은 것에 낙담하였으나 묵묵히 자리를 지키며 주어진 업무에 매진하다 보니 격무부서, 기피부서 대상자에 대한 특진을 받게 되는 경우도 있었습니다. 그야말로 전화위복이고 새옹지마 같은 일입니다. 경찰관으로 입직하면 평생 경찰관으로 정년퇴직 때까지 근무하고자 하는 사람이 대부분입니다. 대략 30년에서 많게는 그 이상 경찰관으로 살아갑니다. 백세시대를 감안하더라도 거의 평생을 보내는 것이나 마찬가지입니다. 그동안 많은 인사를 겪게 됩니다. 결코 인사에 일희일비(一喜一悲)하지 말아야겠습니다. 마라톤 같은 경찰생활입니다. 결승점에 골인하는 그날까지 주어진 소명의식을 가슴에 안고 뚜벅뚜벅 걸어갈 때 경찰관으로서 이루고자 했던 꿈이 실현될 것입니다.

☞ 인사에서 탈락했다고 세상 모든 것을 잃은 듯 좌절의 시간을 보내던 후배가 심기일전하여 마음을 다잡고 열심히 한 결과 그해 겨울에 승진의 영광을 누렸다. 같은 부서에 근무하며 경쟁하다가 탈락한 동료가 울분을 참지 못하고 사직서를 던진 덕에 본인에게 혜택이 돌아간 것이다.

문턱

낮다고 무시말라
쉬이 넘다 부딪치면
온몸이 전율을 일으킨다

그럴 턱이 있겠는가
그런 문턱은 반드시 있다

높다고 두려워말라
두려워지면 질수록
마음의 높이는 더 높아간다

그럴 턱이 있겠는가
그런 문턱은 네 안에 있다

10 미생지신 尾生之信

　노나라에 미생이라는 사람은 일단 남과 약속을 하면 어떤 일이 있어도 지키는 성격의 소유자였다. 어느 날, 여자와 다리 아래에서 만나기로 약속을 하였는데 여자는 그 시간에 나타나질 않았다. '조금 더 조금 더'하고 기다리고 있던 중 소나기가 쏟아져 큰 개울물이 갑자기 불어났다. 그러나 미생은 '이 다리에서 만나기로 약속을 했으니 이 자리를 떠날 수는 없다.' 생각하고 그 자리에서 교각을 붙잡고 버텼으나 급류에 휘말려 떠내려가고 말았다.

　장자는 '도척편'에서 "이런 자는 책형(기둥에 결박하여 세우고 창으로 찔러 죽이는 형벌)을 받은 개, 물에 쓸린 돼지, 깨어진 사발을 한 손에 들고 걸식하는 거지와 같으며, 사소한 명목에 끌려 진짜 귀중한 목숨을 소홀히 하는 자이며 참다운 삶의 도리를 모르는 어리석은 놈이니라." 하고 그 어리석음을 규탄하면서 신의에 얽매인 데서 오는 비극이라 했다.

… 소진열전

'미생지신(尾生之信)'은 미생의 믿음이라는 뜻으로 우직하게 약속만을
굳게 지킴 또는 융통성 없이 약속만을 굳게 지킴을 비유하는 말임.

尾 : 꼬리 미, 生 : 살 생, 之 : 갈 지, 信 : 믿을 신

승진은 엉덩이로 한다

융통성 있는 사람, 약삭빠른 사람이 득세하는 세상입니다. 복잡하
고 바쁜 세상에서는 적당히 융통성 있는 처신이나 약삭빠른 행동들
이 인정받고 좋은 결과를 냅니다. 목숨마저 버리는 미생과 같은 융통
성 없는 믿음과 약속이행은 현대사회에서 살아나기 힘든 게 사실입니
다. 오래전 장자조차도 미생을 혹평하는 걸 보면 세상은 융통성 있고
시류를 잘 간파하는 사람이 출세하는 구조인 것 같습니다.

소진도 제나라로부터 열 개 성을 되돌려 받게 한 자신의 공을 연나
라 왕이 인정해주지 않고, 오히려 중상모략을 당하자 왕에게 성실하기
만 한 미생으로는 국정을 돌보게 할 수 없는 일이라는 주장을 하며 상
황에 맞게 한 자신의 처신을 합리화합니다.

사마천은 미생의 행동을 일반적인 평가와 달리합니다. 우직함을 인
정합니다. 어떻게 하는 것인지 정답을 잘 알지 못하겠습니다. '그때그
때 융통성을 발휘해야 한다', '우직하게 살아야 한다'는 주장이 대립합
니다. 우직하게 사는 것이 관념적으로 정답인 것 같은데 현실은 녹록

지 않은 것이 사실입니다. 자신은 묵묵히 맡은 일을 하는데 일은 제대로 하지 않은 채 약삭빠른 처신으로 승진하는 사람을 보면서 불평을 합니다. 자기 PR시대에 드러내지 않는 처신이 맞는지 모르겠습니다.

　경찰관의 승진제도는 시험승진과 심사승진으로 나누어집니다. 시험승진이라고 하더라도 근무실적과 같은 객관적 요소와 상사의 주관적 평가가 반영되므로 시험공부만으로 승진되는 제도는 아닙니다. 그런데 저는 시험승진이든 심사승진이든 엉덩이로 하는 것이라고 승진을 준비하는 후배들에게 말하곤 합니다. 한자리에 오래 앉아 버티는 사람이 승진한다는 논리입니다. 마치 비가 내려 떠내려가더라도 약속을 지키겠다며 자리를 지킨 미생과 같이 우직해야 승진이 잘 된다는 것입니다. 학창시절만큼의 총기(聰氣)가 사라진 직장인의 시험공부는 한때 좋은 학교, 좋은 머리가 그대로 반영된다고 보기 힘듭니다. 술·담배, 회식, 가정생활, 노화 같은 것들이 그런 스펙을 희석시킵니다. 따라서 누가 의자에 오래 앉아 절대 시간을 많이 투입하느냐에 달렸다고 봅니다. 퇴근 후 동료들과 한잔의 유혹을 떨쳐야 하며, 주말에 토끼같은 자식들과 놀이동산 가는 일을 뒤로 미뤄야 하며 연말연시(경찰승진시험은 연말에 치러진다) 들뜬 기분을 삭이면서 책상과 의자에 붙어 앉아 책과 씨름하는 자에게 환희의 월계관이 씌워집니다. 심사승진은 더욱 그렇습니다. 상사로부터 인정받기 위해 새벽별을 보며 출근하고 퇴근의 자유를 포기하는 경우가 많습니다. 실적도 우수해야 합니다. 그런데 실적보다 더욱 중요한 것은 한 부서에 장기간 근무해야 한다는 것입니다. 공직업무는 개인 실적을 자로 재듯 평가하기가 쉽지 않습니다. 결국 큰 과오가 없다면 연공서열이 중요하게 작용합니다. 객관적 평가요소든 주관적 평가요소든 한자리에 오래 근무한 사람에게 유리하게 되어있습니다. 미생과 같이 우직하게 한자리에 붙어 있어야 결과를 얻을 수 있는 것입니다.

그런데 간혹 구성원들 중에는 엉덩이가 너무 가벼워 승진에서 밀리거나 멀어지는 사람이 있습니다. 그 부서에서 인사고과를 받기에는 고참 근무자가 너무 많다거나 동기 근무자들 때문에 고득점의 고과를 받을 수 없다며 쉽게 부서를 바꿔버리는 경우입니다. 약삭빠른 처신이라 할 수 있습니다. 본인의 예상대로 결과가 이루어졌다면 좋을 겁니다. 하지만 새로운 부서에서 새로 평가받는 일이 만만치 않아 실패하는 경우가 많습니다. '그 자리에 너무 오래 있는데 괜찮아?'고 걱정해주는 소리에 아랑곳없이 무던히 버티던 사람이 승진의 영예를 누리는 경우를 많이 봤습니다. 미생과 같이 목숨을 잃을 정도는 아니더라도 우직하게 한자리를 지키는 것이 승진의 지혜인 것 같습니다. 엉덩이 맷집을 키우는 일이 승진비법입니다.

☞ 연공서열로 평가받게 되는 경우가 많은 승진의 맹점을 해소코자 경찰청은 평가요소의 다양화를 모색하고 있다.

11 계명구도 鷄鳴狗盜

제나라의 맹상군은 갖가지 재주가 있는 식객이 많았다. 어느 날 진나라 소왕의 부름을 받아 호백구(여우 겨드랑이 흰털로 만든 가죽갑옷)를 선물했다. 소왕은 맹상군을 임명하려 했지만 많은 신하들의 반대로 좌절되었다. 한편 맹상군은 자신을 죽이려 한다는 음모를 알아차리고 소왕의 애첩 총희를 달래 진나라에서 나가게 해달라고 부탁하니 총희는 호백구를 요구했다. 이미 호백구를 소왕에게 바친 맹상군의 난처한 처지를 들은 개 흉내로 도둑질에 능한 맹상군의 식객이 "신이 능히 호백구를 얻어 오겠습니다."하고 밤에 개 흉내를 내어 진나라 궁의 창고로 들어가서 소왕에게 바친 호백구를 훔쳐서 총희에게 주고 간청하니 석방이 되었다. 그곳을 빠져나와 밤중에 함곡관에 이르니 아직 닭이 울기 전이라 관문통과가 힘들자 식객 중 닭 울음소리를 잘 내는 자가 '꼬끼오'하니 모든 닭이 울어 관문이 열리고 무사히 통과하여 맹상군은 제나라로 돌아올 수 있었다. 나중에 소왕은 맹상군의 귀국을 허락한 것을 뉘우치고 병사들에게 뒤쫓게 했으나 이미 관문을 통과한 뒤였다.

··· 맹상군열전

'계명구도(鷄鳴狗盜)'란 닭의 울음소리를 잘 내는 사람과

개의 흉내를 잘 내는 도둑이라는 뜻으로 천한 재주를 가진 사람도

때로는 요긴하게 쓸모가 있음을 비유하는 말임.

鷄 : 닭 계, 鳴 : 울 명, 狗 : 개 구, 盜 : 훔칠 도

잘난 사람만 필요한 것이 아니다

　엘리트주의가 만연합니다. 사회가 온통 1등 지향 주의입니다. 1등만이 대우를 받는 세상인 것 같습니다. 운동경기에서도 1등이 스포트라이트를 받습니다. 기업도 1등을 추구합니다. 전교 1등, 국내 1등, 세계 1등, 단계별, 급수별 1등만을 외칩니다. 기념사진을 찍더라도 1등 아닌 사람은 1등을 위한 병풍 역할에 불과한 것 같습니다. 엘리트가 사회와 역사발전에 큰 역할을 하는 것은 무시할 수 없는 사실입니다. 다문화 다민족 국가인 미국의 강대한 힘도 국민 대다수가 똑똑하고 잘나서 세계 최강의 나라가 된 것은 아닙니다. 소수의 엘리트가 이끄는 것 같습니다. 다만 소수의 엘리트들의 역사의식과 소명의식이 바탕이 되었기 때문이라고 생각합니다. 배려와 나눔, 희생의식이 없는 엘리트주의는 사회를 멍들게 합니다. 역사를 퇴보시킵니다. 히틀러와 나치는 독일민족에겐 분명 엘리트였을 겁니다. 하지만 인본주의가 결여된 엘리트가 몇천만 명을 죽음으로 몰아갔습니다. 엘리트주의가 경계해야 할 일입

니다. 올바른 역사의식과 인간애를 지닌 엘리트를 양성해야겠습니다.

맹상군의 식객들 중에는 세상을 어떻게 다스려야 할지에 대한 식견과 경험을 가진 우수한 식객들이 많이 있었습니다. 식객으로서 대우받고 밥값을 했습니다. 개 흉내로 도둑질하는 기술이나 닭 울음소리를 잘 내는 식객을 받아들였습니다. 같은 식객들이 무시했을 법합니다. 하지만 맹상군은 이들을 내치지 않았고 결국 자신의 목숨을 건지는 데는 하잘것없을 것 같은 이들 식객 덕분이었습니다. 경세에 능한 식객들만 데리고 진나라로 갔다면 맹상군은 살아올 수 없었을 것입니다.

직장은 조직으로 이루어져 일을 합니다. 조직원 모두가 우수한 역량을 지닌다면 상당한 성과를 거둘 것입니다. 하지만 어떤 조직이든 구성원이 똑같이 일을 잘하고 뛰어날 수 없습니다. 공부 잘하는 사람들만 간다는 서울대학교도 그곳에서 다시 우열이 생깁니다. 목표를 달성하기 위해 각자 나름의 역할이 있습니다. 우수한 사람, 중간인 사람, 약간 떨어지는 사람, a업무는 잘하지만 b업무는 못하는 사람이 모여서 일하는 곳이 조직입니다.

경찰업무도 마찬가지입니다. 수사를 하는 부서에는 완력을 사용하여 범인을 현장 검거하는 일에 능한 수사관이 있는가 하면 각종 디지털 기기를 능숙하게 다뤄 디지털 증거수집에 능한 수사관이 있습니다. 그때그때 역할을 잘하도록 관리자는 임무를 부여해야 합니다. 그런데 디지털 시대니까 디지털기기를 잘 다루는 수사관이 최고라 하고 완력을 사용한 수사는 한물간 방법이라며 배제해서는 패착입니다. 자료검색을 잘해서 결정적인 증거를 확보하고 현장에 들이닥쳤는데 평소 책상에서 앉아서 검색만 하다 보니 하체가 부실해서 달아나는 범인을 추적하지 못해 놓친다면 일은 반밖에 못 한 것입니다. 이때 체력적으로 강인한 수사관이 투입되어야 합니다. 적재적소에 인력을 활용하는 것입니다.

　남과 다른 기량을 당장 사용치 못한다고 폄하해서도 안 됩니다. 개 똥도 약에 쓰려면 찾기 힘들다는 말이 있듯이 다양한 경찰업무를 수행하기 위해서는 구성원 개개인의 특이한 경력이나 기술도 놓치지 않고 활용해야 합니다. 세상은 잘난 사람만으로 이루어지지 않았습니다. 조직도 사람으로 이루어졌기에 잘난 사람만으로 이루어지지 않게 됩니다.

꽃 비늘 날리는 봄날에

꽃 비늘 붙은
설익은 반짝임이
볼을 스친다

누군가에겐 따스하고
또 다른 누군가에겐
아직은 차갑기만 하다

같은 날 같은 하늘아래
떠돌던 너였거늘
대체 무슨 일이 있었더냐

12 절부구조 切符救趙

    전국시대 4군의 하나였던 위나라 공자 신릉군 무기는 덕과 지혜를 겸비하였으며 또 인자하고 겸손하며 예의가 발랐다. 이런 까닭으로 사방 수천 리에서 앞을 다투어 모여든 식객이 3천 명이 되었다. 그러나 신릉군은 이 중에도 동문을 지키는 후영이란 문지기를 스승처럼 위했고 백정 주해를 귀인처럼 받들었다. 안희왕 20년 진의 소왕은 조나라의 수도 한단을 포위했다. 조나라의 혜문왕과 평원군은 여러 차례 위의 안희왕과 신릉군에게 편지를 보내 구원을 청했다. 안희왕은 장군 진비를 시켜 10만의 군사를 이끌고 조나라를 돕게 하자, 진의 소왕이 사자를 보내 "만약 제후들 중에 누구든 조나라를 돕는 나라가 있으면 조나라를 격파한 후 반드시 군사를 돌려 그 나라를 공격하겠다."고 하였다. 이 말을 들은 안희왕은 진비의 공격을 멈추게 하였다. 신릉군은 왕이 총애하는 여희를 통해 병부(兵符)를 훔치고 훔친 병부로 진비의 군대를 가로채고 진비를 죽인 후 영을 내려 "부자와 형제가 함께 군중에 있으면 아버지와 형은 즉시 귀국하라. 독자로서 형이 없는 자 또한 귀국하여 부모를 봉양하라"고 하였다. 이렇게 선택된 8만의 군사로 진격하여 조나라를 구하였다.

… 위공자 열전

'절부구조(切符救趙)'란 훔친 병부로 조나라를 구한다는 뜻으로
큰 목적을 위해서는 사소한 의리 같은 것은 버려도 된다는 말임.

切 : 끊을 절, 符 : 부신 부, 救 : 건질 구, 趙 : 나라 조

절차적 정의를 수호하라

　목적이 수단을 정당화할 수 없다는 것은 민주주의 절대 가치입니다.
아무리 목적이 정당하다고 하여도 목적달성을 위해서 수단을 무시해
서는 안 된다는 것입니다. 절차적 정의가 중요하다고 합니다. 나라가
위급한데 언제 절차를 따지겠느냐며 진희를 처단하고 병권을 장악한
신릉군의 행동에 대한 정당성이 전국시대에는 인정된 것 같습니다. 화
급을 다투는 상황에서 병부를 훔쳐서라도 나라를 구한다는 대의와 명
분이 인정되었습니다. 하지만 전국시대에나 가능한 일이지 현대 민주
사회에서는 받아들여지지 않습니다.

　적법절차(due process of law)의 가치는 목적의 정당성을 능가하는 가치
입니다. 실체적 진실을 발견을 위해 뛰는 경찰 수사 활동도 마찬가지
입니다. 뻔한 실체적 진실임에도 절차를 위반하여 수집된 것이라면 증
거로서 인정되지 않는 것입니다. 절차를 조작하는 것은 더욱 안 됩니
다. 불법행위입니다. 영화 〈살인의 추억〉의 한 장면이 떠오릅니다. 범인
의 족적을 형사로 분한 송강호가 용의자의 신발을 임의로 현장에서 발

견된 것처럼 조작합니다. 바로 증거조작행위이며 절차위반입니다. 절차를 지키는 일은 시간이 걸리거나 때로는 번거로운 일입니다. 분명 목적 달성을 위해서는 비효율적인 것이 사실입니다. 신속한 사건 해결을 위해서 영장이 필요한 증거수집 활동이나 활동의 제한 같은 법적 요구조건을 저해하는 행위는 분명 절차를 어긴 행위입니다.

병부를 훔쳐 왕의 명령이 떨어진 것같이 하여 병권을 장악한 신릉군의 행위가 바로 절차위반이고 불법행위입니다. 형사소송법은 인권보장과 실체적 진실발견이라는 두 가지 큰 가치를 구현하기 위한 법입니다. 특히 인권보장을 위해서는 절차적 정의가 중요합니다.

일제강점기 경찰이나 군부독재 시절 경찰활동에 대한 트라우마가 깊습니다. 경찰의 신뢰회복은 바로 절차의 정당성을 공고히 하는 것입니다. 열 명의 범인을 놓치더라도 한 명의 무고한 사람이 피해를 입어서는 안 됩니다. 무죄추정의 원칙을 실현하는 기본적인 마인드는 절차적 정의를 구현하는 데 있습니다. 사소한 절차 위반으로 명백한 범죄자를 무죄 되게 하여 범죄피해자를 두 번 울리게 하는 우(遇)를 범하지 않기 위해서는 현장에서 경찰권을 행사함에 있어 세심하게 주의를 기울여야 합니다. 혹시라도 '이 정도는 뭐가 문제겠어?' 하는 안이한 생각으로 화를 키워서는 안 되겠습니다. '불리한 진술을 거부할 수 있고…변호인의 조력을 받을 수 있으며….' 절차적 정의 실현을 위한 중요한 법절차입니다.

☞ 식당에서 상사가 짜장면을 주문했다고 부하직원들이 같은 메뉴를 시키는 시대는 지났다. 오버하여 절차적 정의실현 의지를 보인다며 '다수결로 메뉴 정할까?'라고 섣불리 나서지 말자. 그냥 각자 알아서 시켜먹도록 하자.

13 모수자천 毛遂自薦

    전국시대 말 진나라의 공격을 받은 조나라 혜문왕은 동생이자 재상인 평원군을 초나라에 보내어 구원군을 요청하기로 했다. 20명의 수행원이 필요한 평원군은 그의 3,000여 식객 중에서 19명은 쉽게 뽑았으나 나머지 한 명을 뽑지 못한 채 고심했다. 이때 모수라는 식객이 "나리, 저를 데려가 주십시오"하고 나섰다. 평원군은 어이없어하며 "그대는 내 집에 온 지 얼마나 되었소?"하고 물었다. 그가 "이제 3년이 됩니다."하고 대답하자 "재능이 뛰어난 사람은 마치 주머니 속의 송곳 끝이 밖으로 나오듯이(囊中之錐) 남의 눈에 드러나는 법이오. 그런데 내 집에 온 지 3년이나 되었다는 그대는 단 한 번도 이름이 드러난 일이 없지 않소?"하고 반문했다. 모수는 "나리께서 이제까지 저를 단 한 번도 주머니 속에 넣어 주시지 않았기 때문입니다. 하지만 이번에 주머니 속에 넣어주신다면 끝뿐이 아니라 자루까지 드러내 보이겠습니다."하고 답변을 했다. 평원군이 모수를 수행원으로 뽑았고 초나라에 도착한 평원군은 모수가 활약한 덕분에 국빈으로 환대받고 구원군도 얻을 수 있었다.

… 평원군 열전

'모수자천(毛遂自薦)'이란 모수라는 사람이 스스로 자신을 천거했다는 뜻으로
자기가 자기를 추천하는 것을 이르는 말인데
현대에 와서는 일의 앞뒤도 모르고 나서는 사람을 비유하기도 하는 말임.

毛 : 털 모, 遂 : 이를 수, 自 : 스스로 자, 薦 : 천거할 천

차별화에 달렸다

현대는 자기 PR시대라고 합니다. 선비문화라고 일컬어지는 우리 문
화에서는 자신을 남에게 드러내는 일은 점잖지 못한 행위로 여겨졌습
니다. 선비라면 남이 알아줄 때야 제대로 된 평가를 받는 것이라는 생
각을 한 것 같습니다. 그래서 체면문화가 지배적입니다. 동양적인 사고
와 문화에서 모수와 같이 자기가 자기를 추천하는 행위는 추천을 받
는 입장에서는 생뚱맞은 일입니다. 그래서 평원군도 처음에는 모수가
나서서 자기를 추천하는 일이 기이하고 탐탁지 않았습니다. 하지만 결
과는 대박이었습니다. 위기상황을 모수 덕분에 넘기게 됩니다. 기대
이상의 활약을 한 것입니다.

자기 추천이 지극히 주관적일 수 있다는 고정관념이 있습니다. 하지
만 사람은 자신을 제일 정확히 압니다. 제대로 된 평가는 자신이 자신
을 평가하는 것이 맞습니다. 사람을 추천하든 물건을 추천하든 추천
한다는 것은 책임을 전제로 하는 것입니다. 저는 인사추천을 받으면(청

탁자인지 추천자인지 애매한 구석이 있지만) 늘 하자담보의 원칙을 알려줍니다. "누구를 추천하는 일은 책임이 따른다. 물건의 하자담보처럼 사람을 추천할 때는 그 사람의 과오에 대해서도 책임을 진다는 생각을 가지고 추천하라."

자기 추천만큼 강한 하자담보도 없을 겁니다. "니가 그 일을 잘한다고 스스로 얘기했잖아. 그런데 결과가 이 모양이니 상응한 책임을 져라." 참 명확하지 않습니까? 자기 추천을 한 사람은 자기 추천에 대한 책임감 때문에 더욱 노력하게 됩니다. 힘깨나 쓰는 사람이 추천(청탁이나 압력이겠지요)한 사람을 원하는 자리에 앉혔는데 결과가 엉뚱하면 그 유력 인사에게 책임지라며 배짱 있게 되받아치지 못할 바에야 차라리 자기추천제가 더 낫다고 생각됩니다. 모수의 사례처럼 자기 추천제가 효과가 있었다는 점은 역사적 사실입니다.

경찰의 인사제도는 많은 변화를 겪어 왔습니다. 소위 빽과 돈이 난무했다는 오명을 씻기 위해 여러 가지 제도를 마련했습니다. 인사권자의 주관적인 평가를 객관화시키기고 인식전환을 위해 노력하고 있습니다. 동료평가제도나 자기내신 같은 제도가 시행되고 있습니다. 자기내신제가 자기 추천제에 해당한다고 볼 수 있습니다. 불투명하고 음성적인 의사전달과정을 투명하게 하고 있습니다. 인사권자에게 메일, 문자 등을 통해 의사를 피력하거나 홈페이지 인사 고충방을 통해서 자신에 대한 내신과 추천을 합니다. 읍소형, 성과제시형, 역할형 등 다양하게 자기PR을 합니다. 인사철이면 인사권자나 심사위원 앞으로 수많은 자기추천서 및 내신서가 쇄도합니다. 어떻게 하면 각인시킬 수 있을까 고민할 필요가 있습니다. 차별화라고 봅니다. 일정 양식이나 통일된 형식을 요구할 경우라도 다시 차별화하여 인사권자나 심사위원들에게 각인을 시켜야 할 것입니다.

총경 업무성과 평가를 첫 시행하던 때입니다. 평가위원들 앞에서 자신의 업무계획이나 성과를 발표하는 형식으로 진행되었습니다. 전국의 경무관 승진 대상자들을 상대로 하는 평가였습니다. 서울시내 총경 평가 1등을 했던 기억이 있습니다. 당시 대부분 총경들이 종이 보고서를 들고 발표를 했지만 국회의원들이 국정감사에서 질의할 때에 화이트보드를 내놓고 질문하던 것에 착안하여 화이트보드로 만들어 발표했습니다. 당연히 많은 피평가자 중에 눈에 띄었던 것 같습니다. 차별화 전략이었습니다. 자기추천의 시대, 경쟁력은 차별화에 달렸다고 봅니다. 물론 내용물도 좋아야 하는 것은 당연합니다.

☞ 그해 성과우수 총경은 언론에 공표하고 경무관 승진을 시킨다는 공약이 있었으나 나는 언론에만 공표되고 승진에서는 탈락했다. "내용물이 별로였겠지." 하고 자기평가를 했다.

갈대, 바람 그리고 사람

짙은 향기도 없다
현란한 채색의 눈부심도 없다
양지바른 산자락에 뿌리 내리지도 못한 채

여린 소년 같은 대롱줄기
이리저리 흔들려도
바람을 원망하지 않는 너

갈대여
흔들린다고 흔들린다고 욕하지 않으리

14 낭중지추 囊中之錐

　조나라 공자 평원군은 평소 선비를 후하게 대해 수천 명의 식객이 있었다. 어느 날 진나라가 조나라의 한단을 포위하자 조나라는 평원군을 보내 초나라에 도움을 청하였다. 평원군은 식객과 제자 중 용맹하고 학식 있는 20명을 선발하여 가려고 했다. 마지막 한 명을 채우지 못하고 있을 때 모수라는 자가 스스로를 추천하며(毛遂自薦) 앞으로 나왔다. 평원군은 "현명한 선비가 세상에 있는 것은 비유하자면 주머니에 있는 송곳(囊中之錐)과 같아서 그 끝이 금세 드러나 보이는 법이오." 라며 빈객으로 있은 지 3년이나 되었으나 들은 적 없는 모수를 거절하였다. 그러나 모수는 "저는 오늘에야 당신의 주머니 속에 넣어달라고 부탁드리는 것입니다. 저를 좀 더 일찍 주머니에 있게 했더라면 그 끝만이 아니라 송곳 자루까지 밖으로 나왔을 것입니다." 하였다. 결국 모수는 일행에 가담하여 함께 초나라로 갔고 초나라와의 교섭에 큰 활약을 하였다.

… 평원군우경열전

'낭중지추(囊中之錐)'란 주머니 속의 송곳이란 뜻으로
뾰족한 송곳은 가만히 있어도 반드시 뚫고 비어져 나오듯이
뛰어난 재능을 가진 사람은 남의 눈에 띔을 비유하는 말임.

囊 : 주머니 낭, 中 : 가운데 중, 之 : 갈 지, 錐 : 송곳 추

말없는 조직원이 보배일 수 있다

사람의 성격은 외향적인 사람이 있고 내성적인 사람이 있습니다. 외향적인 사람이 활달하고 적극적인 것으로 평가되는가 하면 내성적인 사람은 말이 적고 대인관계가 활발하지 않은 것으로 평가하여 일반적으로 소극적인 사람으로 평가합니다. 혈액형으로 나누자면 외향적인 사람이 'O'형으로 주로 분류되고 내성적인 사람이 'A'형으로 분류되는 것처럼 인식합니다. 하지만 외향적인 사람이 적극적인 반면 다소 덜렁거리고 안정감이 떨어지는 느낌을 갖게 되고 내성적인 사람은 꼼꼼하고 치밀하며 차분하게 일을 처리하여 안정감을 느낀다고 합니다. 어떤 성향의 성격이 일을 함에 좋고 나쁘다고 평가할 일은 아닌 것 같습니다. 자신이 성격에 맞는 일을 찾아서 하거나 조직에서도 적재적소에 사람을 배치하여 최대의 역량을 발휘하게 하는 것이 맞는다는 생각입니다. 하지만 '우는 놈 떡 하나 더 준다.'는 속담과 같이 조직이나 직장생활을 하면 자신의 의사를 활발히 표현하거나 말이 많은 사람

들이 분위기를 이끌게 됩니다. 관리자들도 그런 사람이 먼저 눈에 들어옵니다.

　내성적인 성격의 소유자로 남 앞에서 자신의 의사를 드러나게 주장하기보다는 조용히 자신의 일을 처리하는 사람이 있습니다. 별 존재감이 드러나지 않지만 그렇다고 조직에 해가 되지도 않고 묵묵히 자신의 일을 하는 사람들이 있습니다. 회의를 하더라도 이런 사람들은 조용히 듣고 있는 경우가 많습니다.

　사회적으로 보더라도 말없는 다수보다는 떼를 쓰듯 악다구니를 쓰는 사람들에게 관심을 보이게 됩니다. 주머니 속에 송곳처럼 가만히 있어도 존재감을 알 수 있게 하는 것이 아니라 주머니 속에 딸랑 방울처럼 엄청나게 딸랑거리며 소리를 내는 부류입니다.

　하지만 정말 필요한 인재들은 그야말로 송곳처럼 드러나지 않고서도 인재인 경우가 있습니다. 관리자들은 이런 사람을 잘 살펴봐야 합니다. 비록 말이 적고 자신의 의견을 적극적으로 나타내지 않더라도 찾아서 인정을 해주고 튼실한 조직구성원으로 성장시켜야 합니다. 앞에 나서고 말이 많고 매사 자기주장을 하는 사람만이 마치 일을 열심히 하는 것으로 알고 그들에 대해서만 높이 평가해주고 묵묵히 일하는 구성원에 대해 무관심할 경우 주머니 속에 있는 진짜 쓸 만한 송곳을 놓치게 됩니다. 모수가 자신을 알아주지 않아서 제 역량을 발휘하지 못했다고 어필하고서야 중용된 사실을 주목할 필요가 있습니다.

　경찰청이나 지방경찰청 또는 경찰서 내근부서에서 아침저녁으로 서류뭉치로 지휘관들에게 어필하는 사람들의 노력과 수고에만 눈길이 갈 때 범죄현장에서 범인과 맞닥뜨린 형사의 두근거리는 가슴을 보듬어 주는 일, 집회시위현장에서 돌과 쇠파이프에 멍든 진압경찰의 상처를 어루만져 주는 일, 새벽이슬 맞으며 골목길을 누비는 지역경찰의 젖은 어깨를 닦아주는 수고를 자칫 놓칠 수 있습니다. 이들이 경찰의 낭중지추임을 한시라도 잊어서는 안 될 것 같습니다.

☞ 경찰지휘관이 교체되면 제일 먼저 고민하는 경찰관들은 승진을 목전에 둔 이들이다. 기존의 지휘관에게 잘 평가받고 있었는데 새로운 지휘관에게 또다시 자신을 알려야 하는 부담감이 생기기 때문이다. 짧은 시간에 알려야 곧바로 이어지는 평가일정을 맞출 수 있다는 생각에 별것 아닌 일로 결재를 빙자하여 지휘관 방을 들락거리는 경찰관들이 있다. 그들의 노력(?)에 현혹되지 말고 성격상 비록 찾아오지 않거나 어필하지 않더라도 그간 누가 승진되어야 할 사람인지에 대한 전임 지휘관, 기존 직원 등의 여론을 다각도로 들어야 낭중지추를 놓치지 않는다.

15 누란지위 累卵之危

위나라 범수는 중대부 수가의 부하로 있을 때 제나라에 간 적이 있는데 그곳에서 억울한 누명을 쓰고 수가의 미움을 사 죽을 처지에 있었다. 범수는 옥에 갇히었으나 간신히 탈옥에 성공한다. 진나라에 온 사신 왕계의 도움을 받아 장록이란 이름으로 진나라에 망명하게 되었다. 왕계는 진왕에게 "위나라 장록 선생이란 사람은 천하에 뛰어난 사람입니다. 그는 진나라의 정세는 지금 계란을 쌓아 놓은 것보다 위태롭다(累卵之危)고 합니다. 그러나 진나라가 자기를 받아들인다면 진나라는 평안을 유지할 수 있다고 합니다. 불행히도 이러한 내용을 알릴 길이 없다기에 제가 모시고 왔습니다."라고 말했다. 이렇게 하여 범수는 진왕에게 대외정책을 진언하는 등 크게 활약하고 공을 세웠다.

··· 범수 · 채택열전

'누란지위(累卵之危)'란 알을 쌓아놓은 듯 위태로움이라는 뜻으로
매우 위태로운 상황을 이르는 말임.

累 : 묶을 누, 卵 : 알 란, 之 : 갈 지, 危 : 위태할 위

위기는 위험과 기회이다

알을 쌓기란 쉽지 않은 일입니다. 모가 난 돌을 쌓는 일도 온갖 정
성과 주의를 기울여야 하는데 타원형에 가까운 알을 겹겹이 쌓는다는
것은 거의 불가능에 가까운 일입니다. 계란을 세운 콜럼버스 이야기처
럼 알을 깨는 발상의 전환이 있어야 가능한 일입니다. 알을 깨지 않고
우여곡절 끝에 겹겹이 쌓았더라도 곧장 무너져 내릴 것입니다. 무너져
내리기 직전까지 바라보는 심정은 최상의 긴장상태입니다. 그야말로
위기 상황입니다. 이런 극단의 위기를 극복하기 위해서는 특단의 대책
이 필요할 것입니다. 장록은 자신을 천거해주기를 바라며 진나라의 상
황을 진단함에 있어 바로 계란을 쌓은 형국이라고 했습니다. 곧 진나
라가 망한다는 이야기와 다를 바가 없습니다. 진왕은 장록의 이런 말
을 받아들였습니다. 절체절명의 위기 상황이란 말을 듣고 그의 계책에
따르게 됩니다. 위기란 위험이지만 기회이기도 하다는 말이 있습니다.
진소왕은 누란지위라는 위기를 기회로 만든 것입니다.

경찰업무는 위기의 연속입니다. 위기관리 조직이라고 볼 수 있습니다. 사건·사고가 경찰업무입니다. 국민들에게 충격을 주는 사건이 발생합니다. 경찰의 능력이 시험대에 오릅니다. 신속한 해결을 바라는 국민들의 기대를 충족시켜야 합니다. 조직의 상층부부터 현장을 뛰는 경찰관까지 조직의 모든 역량이 집중되어야 합니다. 사건이 해결되지 않고 장기간 끌면 국민들의 질타가 이어집니다. 경찰의 무능이 도마에 오릅니다. 심할 경우 경찰지휘관이 문책성 인사조치가 됩니다. 위기를 극복하지 못한 결과입니다. 영어로 위기 'Crisis'는 '분리하다'는 뜻으로 그리스어 'Krinein'가 어원이라고 합니다. 회복과 죽음의 분기점이 되는 갑작스럽고 결정적인 병세의 변화를 가리키는 어학용어에서 유래되었다고 합니다. 그러므로 잘 극복하지 못할 경우 죽음을 맞이하는 것입니다.

경찰관들이 야기한 각종 자체사고로 경찰관서가 위기에 몰리기도 합니다. 사고수습을 위해 관서장을 중심으로 다각도의 노력을 합니다. 그런데 초기에 대응을 잘못하여 관서장이 직위를 박탈당하는 경우가 종종 있습니다. 대부분 비난과 문책을 우려하여 사건을 축소하려다가 화를 키우는 형국입니다. 초기에 정확한 정보를 제공하지 못한 경우가 원인인 경우가 많습니다. 정확하고 신속한 정보를 제공하여 파문확산을 방지해야 합니다. 작은 사고가 큰 사고로 확산되고 2차 피해를 야기하는 것은 대부분 왜곡된 정보제공이 한몫한 결과입니다. 매도 맞을 때 한 번에 맞는 것이 낫다는 말처럼 비난이나 문책이 두려워 찔끔찔끔 대응하다가 낭패를 겪는 경우가 생기는 것입니다. 경찰관의 위기대응 능력은 자신의 발전과 직결됩니다. 위기는 기회의 다른 말임을 염두에 둔다면 누란지위의 위기상황일지도 잘 헤쳐나갈 수 있다고 봅니다.

☞ 경찰의 각종 자체사고는 조직 위기상황으로 인식하여 대응할 필요가 있다.

고래

고래가 보고 싶다

아내에게 같아 가자고 했다

아직도 고래타령이란다

반백년을 살고도

고래는 여전히 미련처럼 숨을 쉰다

16 원교근공 遠交近攻

　전국시대 위나라 책사 범수(범저라고도 함)가 타국과 내통하고 있다는 의심을 받고 진나라로 피신했다. 진나라는 소왕의 모후인 선태후의 동생 양후가 실권을 잡고 있었다. 그는 제나라를 쳐서 자기 영토인 도를 확장하려 하였다. 이에 범수는 왕에게 "한, 위의 양국을 거쳐 막강한 제를 친다는 것은 좋은 계책이 아닙니다. 제나라 민왕이 악의에게 패한 것은 멀리 떨어진 초를 쳤으므로 동맹국의 짐이 무거워 이반했기 때문입니다. 결국, 적에게 병력을 빌려주고 도적에게 식량을 대준 셈으로 한, 위나라만 득을 보았습니다. 지금의 정세에서 취할 방도는 먼 나라와 친교를 맺고 가까운 나라는 치는 원교근공책(遠交近攻策)이 상책이라고 생각됩니다." 진 소왕은 이를 받아들였고 범수는 재상이 되고 진은 천하통일의 대업을 이루는 초석을 마련하였다.

… 범수 · 채택열전

'원교근공(遠交近攻)'이란 먼 나라와 친하고 가까운 나라를 쳐서
점차로 영토를 넓힌다는 범수가 진나라 왕에게 진언한 외교정책을 말함.

遠 : 멀 원, 交 : 사귈 교, 近 : 가까울 근, 攻 : 칠 공

사적인 네트워크를 경계하라

외교는 총성 없는 전쟁이라고 합니다. 나라 간 잘 지내보자는 것이
외교인데 싸움에 비유하니 참 아이러니입니다. 싸우지 않고 득을 봐야
하는 것이 외교인 것 같습니다. 국익을 위해 최일선에서 뛰는 외교관
은 겉은 화려해 보여도 따져보면 치열한 싸움에 나선 전사입니다. 외
교관의 판단과 언변으로 전쟁으로 치닫게 될 일이 평화를 얻거나 엄
청난 경제적 이득을 취하게 됩니다. 그래서 국가 지도자의 외교정책이
중요한 이유입니다.

초국경적 시대에 살고 있습니다. 경제적, 문화적, 군사적 경쟁이 치
열합니다. 강대국이라고 마음대로 하던 시대도 지났습니다. 약소국이
라도 외교현장에서 국가 간 미묘한 이해관계의 지렛대를 잘 활용하여
국익을 취하면서 국제적 위상을 유지하는 형국입니다. 남과 북이 갈
라져 있는 가운데 미국, 중국, 일본, 러시아 등 강대국의 역사적, 경제
적, 문화적 이해관계가 충돌하는 지점에 둘러싸인 우리의 외교정책은
생존의 문제인 것 같습니다.

범수의 외교정책처럼 만연히 가까운 나라인 일본과 중국, 러시아를 적대시하고 멀리 있는 미국이나 유럽의 여러 나라와 친하게 지내는 원교근공(遠交近攻) 정책은 외교 비전문가인 제가 봐도 맞지 않은 것 같습니다. 외교정책은 시대상황과 국제정세에 따라 언제든 변하는 생물인 것만은 확실합니다.

현대 행정은 행정기관 독자적으로 할 수 없습니다. 급변하고 다양한 이해관계가 점점 더 첨예해지는 현대사회에서 국가기관의 활동인 행정은 협업과 공유의 틀에서 이루어져야 효과를 볼 수 있다는 것이 정설로 되었습니다. 거버넌스가 일반적인 행정프레임으로 되었습니다. 치안행정도 예외적일 수 없습니다. 경찰은 여러 가지 협력치안을 구현하고 있습니다. 지역치안협의체, 경찰발전위원회, 집회시위자문위원회, 시민감찰위원회 등 각 기능별 다양한 시민협력단체를 운영하고 있습니다. 경찰행정을 보다 개방하여 시민의 소리를 듣는다는 순기능이 있지만, 아직도 지역유지와 유착이라는 역기능에 대한 부정적 인식이 남아 있습니다. 지역유지들과 부적절한 연결고리가 되었던 적이 있습니다. 부족한 예산을 지원받거나 경찰내부 행사지원을 받는 것과 같은 일들로 비난의 대상이 되었습니다. 지금은 선발과정에서 엄격한 자격을 두고 있지만, 종전에는 지역의 경찰 관련 대상업을 하는 사람들이 업권보호 차원에서 협력단체원으로 활동하곤 했습니다(물론 아주 오래전 이야기입니다).

자신의 업권을 보호하고 경찰은 이를 통해 부족한 예산을 보충하는 공생관계를 맺은 것입니다. 폐습이었습니다. 경찰기관장들은 이들을 자신의 사적 네트워크로 활용하기도 했습니다. 지역토착세력을 비호하는 형국이었습니다. 협력단체정비라는 일들이 잊을만하면 상부에서 내려졌습니다. 대충 회의하고 밥 먹는 협력단체가 비일비재했습니다. 김영란법이 시행되었습니다. 회의 후 밥값도 각자 계산하는 풍조로 바뀌었습니다. 정나미 떨어지는 분위기라고 볼멘 소리하는 사람도 있습니다. 하지만 올바르고 당연한 방향으로 간다고 생각됩니다. 경찰 협력단체원으로 활동하는 사람들도 경찰업무를 위해 순수한 마음으로 봉사한다고 생각해야겠습니다. 경찰기관에서도 협력단체가 경찰행정을 위한 자문과 여론청취 역할이라는 본연의 기능에 충실하도록 제도적 보완을 계속 해나가야겠습니다. 경찰협력단체는 가까울수록 공격대상이라는 근공의 자세로 운영되어야 하겠습니다. 경찰기관장이나 담당경찰관의 사적네트워크로 활용되어서는 안 되겠습니다. 근교원공해서는 안됩니다. 가까운 사람일수록 더욱 엄하게 대하는 것이 공직자의 자세라고 생각됩니다. 원교근공의 외교술까지는 활용치 않더라도 가깝다는 것이 오히려 공무수행의 걸림돌이라는 문화가 정책되어야 선진국입니다.

☞ 경찰협력단체가 경찰유착단체로 전락했던 시절이 있었다. 협력단체원 중 지역유력인사는 인사 청탁 창구 역할을 했던 그때 그 시절. 아마도 호랑이가 담배 피우던 시절이었을 것이다.

17 항룡유회 亢龍有悔

　달변으로 진나라 소왕의 신임을 얻어 재상의 자리에 올라 오랜 기간 권력의 정점에 오른 범수는 자신이 소왕에게 추천한 정안평과 왕계가 모두 진나라에 큰 죄를 지었다. 정안평은 범수의 추천으로 장군이 되었으나 조나라에 투항하였으며 왕계는 다른 제후와 내통하다가 사형되었다. 이 사실을 안 연나라 채택이 범수를 찾아와 범수에게 지금은 왕의 신뢰와 총애를 받고 있지만 해가 중천에 오르면 서쪽으로 기울고 달도 차면 이지러지듯이 역경에 '꼭대기까지 올라간 용은 후회할 때가 있다(亢龍有悔)'며 이제 물러나지 않는다면 더 큰 화가 있을 것이라고 하였다. 범수는 채택의 말이 옳다고 여기고 소왕에게 채택을 천거하고 물러나 평안한 말년을 보냈다.

··· 범수 · 채택열전

'항룡유회(亢龍有悔)'란 하늘 끝까지 올라간 용이

더 올라갈 데가 없어 다시 내려올 수밖에 없듯이,

부귀가 극에 이르면 몰락할 위험이 있음을 경계에 이르는 말임.

亢 : 오를 항, 龍 : 용 용, 有 : 있을 유, 悔 : 뉘우칠 회

잘 나갈 때 변속이 필요하다

용은 상상의 동물이지만 동서양 막론하고 성스런 동물입니다. 최고 권력자인 왕을 상징하는 동물도 용입니다. '개천에서 용 났다'는 표현도 있습니다. 어려운 가운데 큰 성취를 한 사람에게도 쓰이는 말입니다. 주역에서는 용의 승천단계를 네 가지로 나눕니다. 첫째가 연못 깊숙이 잠복해 있는 잠룡(潛龍)입니다. 아직 때가 이르지 않았으므로 덕을 쌓으며 때를 기다려야 합니다. 두 번째는 땅 위로 올라온 현용(現龍)입니다. 자신을 드러내어 덕을 만천하에 펴서 군주의 신임을 받게 되니 때를 얻어 정당한 지위에 있으면서 중용의 도와 선을 행하며 덕을 널리 펴서 백성을 감화시켜야 합니다. 세 번째 하늘을 힘차게 나는 비룡(飛龍)입니다. 괘의 극치로서 제왕의 지위에 오르는 것을 의미합니다. 마지막 네 번째가 하늘 끝까지 다다른 항룡(亢龍) 곧 승천한 용입니다. 그 기상이야 한없이 뻗쳐 좋지만 결국 하늘에 닿으면 떨어질 수밖에 없는 것입니다. 공자는 '항룡이 너무 높이 올라갔기 때문에 존귀

하나 지위가 없고 너무 높아 교만하기 때문에 자칫 민심을 잃게 될 수도 있으며 남을 무시하므로 보필도 받을 수 없다고 했습니다.

전국시대 채택은 잘 나가던 범수에게 잘 나갈 때 물러나야 한다며 주역의 항룡유회를 비유했습니다. 범수는 쌩쌩 달리던 차를 변속하여 속도를 확 줄였습니다. 심지어 차를 채택에게 넘겨주고 뒤로 물러났습니다. 반대의 경우도 있습니다. 진나라 통일의 초석을 다지고 이후 막강한 권력을 행사하던 이사라는 사람은 정권이 바뀌면 몰락할 것을 예견하고도 스스로 권좌에 물러나지 않아 허리가 잘리고 삼족이 멸해지는 비참한 말로를 맞이했습니다.

직장생활은 경쟁의 연속입니다. 1인 기업의 오너가 아니라면 동료 간 경쟁은 불가피합니다. 1인 기업일지라도 다른 기업과 경쟁 상태에 놓여 있습니다. 경쟁은 평가로 우열을 가립니다. 평가는 공정성이 생명입니다. 평가결과에 대한 피평가자의 수용은 공정성이 전제되어야 합니다. 그런데 평가의 공정성은 평가에서 밀린 사람에게는 수용되지 않는 경우가 많습니다. 사람이 만든 평가제도이기에 백퍼센트 완벽할 수 없습니다. 특히 계량화할 수 없는 정성평가는 수용도가 떨어질 수밖에 없습니다. 평가자의 주관적인 관점이 많기 때문입니다. 결국 지연, 학연, 혈연 등 연고주의가 개입됐다는 의혹에 휩싸여 평가를 둘러싸고 말썽이 나곤 합니다.

평가자는 직장생활이나 조직생활을 하는 사람에게는 생사여탈권을 가진 사람이나 다름없습니다. 기관장이나 부서장 인사가 있을 때면 소속직원들이나 부하직원들은 신경이 쓰일 수밖에 없습니다. 어떤 동료가 갑자기 부상합니다. 자신과 가까운 기관장이나 부서장이 인사

발령이 나자 중용되기 시작합니다. 핵심라인이 되었습니다. 모든 직원들, 심지어 그 직원보다 상사의 위치에 있는 사람도 갑자기 중용된 그 직원에게 잘 보이기 위해 노력합니다. 한편에서는 시기의 분위기도 생기게 됩니다. 그 직원의 권세는 하늘을 찌를 듯합니다. 현룡의 단계를 벗어나 비룡이 되어 승천하는 것 같습니다. 사기업과 달리 공조직의 기관장이나 부서장은 주기적으로 인사이동이 있습니다. 용이 마음 놓고 날 하늘이 없어지는 것입니다. 기관장이나 부서장이 바뀌게 되면 권력이동이 심하게 일어납니다(물론 이런 변화에도 불구하고 끈질긴 생명력을 발휘하는 용도 있습니다만 극히 예외적인 경우입니다). 항룡이던 직원은 좌천이나 한직으로 물러나면서 심지어 과오에 대한 문책을 당합니다. 후회할 때는 늦었습니다. 잘 나갈 때 변속을 해서 속도를 줄이지 못해 대형사고를 막지 못한 것입니다. 공직자는 누구의 사람이라는 소리를 듣지 않도록 해야 롱런(long-run)한다는 부친의 말씀을 늘 염두에 둬서 총리까지 올랐다는 분이 있습니다. 직장생활, 사회생활을 하면 파벌이나 친소관계로 묶일 수 있습니다. 그것 때문에 잘 나갈 수도 있습니다. 그럼에도 늘 겸손과 절제 그리고 물러날 때 물러날 줄 아는 현명한 처신이 필요할 것입니다. 내 차의 성능이 좋아서 잘 나간다고 생각하고 가속기 페달을 너무 세게 밟다가 돌이킬 수 없는 대형사고로 낭패를 당하지 않아야겠습니다.

☞ 개인의 겸손과 절제도 중요하지만 조직의 관리자가 부하직원에 대한 지나친 편애가 불러일으키는 위화감이 더 큰 문제일 수 있다. 참모들보다 하위 계급의 부하직원의 발언을 회의석상에서 지나치게 자주 반영하다가 그 직원이 공적(公敵)으로 몰리는 경우가 있었다.

삶

굶어봐야 밥 귀한 줄 알고
넘어져봐야 무릎팍 아픈 줄 아나니

비난받아봐야 칭찬 좋은 줄 알고
실패해봐야 성공의 단맛을 아나니

외로워봐야 사람 그리운 줄 알고
울어봐야 웃을 줄 아나니

사노라면
힘들어도

살아봐야 삶도 알 수 있으리

18 선시어외 先始於隗

　연나라 소왕은 제나라에게 많은 영토를 빼앗겨 국력이 약해졌다. 제
나라에 빼앗긴 영토를 만회키 위해 고민하던 소왕은 재상 곽외를 불
러 실지회복에 필요한 인재등용 방책을 물었다.

　곽외는 "옛날에 어느 왕이 천금으로 천리마를 구하려고 하였으나 3
년 동안 구하지 못하고 있었습니다. 그러던 어느 날 잡일을 맡아 보는
하급관리가 천리마를 구해 오겠다고 스스로 청하였습니다. 그는 석
달 뒤에 천리마가 있는 곳으로 갔으나 이미 천리마가 죽은 다음이었습
니다. 그러자 그는 죽은 말의 뼈를 오백 금을 주고 사왔는데 죽은 말
을 오백 금을 주고 사왔으니 왕이 노하였습니다. 이때 그는 죽은 말의
뼈를 오백 금이나 주고 샀으니 천리마를 가진 자들이 훨씬 높은 가격
으로 받기 위해 몰려들 것이라며 진언하였습니다. 왕은 반신반의하였
지만 1년 뒤 천리마가 세 필이나 모였다고 합니다. 전하께서 진정으로
지혜롭고 우수한 인재를 얻기를 원하신다면 곽외 저부터 기용하십시
오."라고 간언하였다. 소왕은 곽외의 말대로 그를 등용하고 예를 다해
극진히 대접하기 위해 황금대라는 궁전을 지어 머물게 하였다. 이 소
식이 전해지자 천하의 인재가 모여들었다. 소왕은 이들의 헌신적인 보
필로 제나라를 공격하여 원수를 갚았다.

··· 악의열전, 전국책(연책소왕)

'선시어외(先始於隗)'란 먼저 외부터 시작하라는 뜻으로

가까이 있는 사람이나 말한 사람부터 시작하란 말임.

先 : 먼저 선, 始 : 처음 시, 於 : 어조사 어, 隗 : 굽이 외

직속상사가 가장 큰 빽이다

'등잔 밑이 어둡다'는 말이 있습니다. 가까이 있는 것이 더 보이지 않는다는 말입니다. 요즘 시대에는 맞지 않는 말이겠지요. 환한 백열등이나 형광등 아래가 어두울 리 없습니다. 그럼에도 사람들은 가까이 있는 것에 소홀해지는 습성이 있는 것 같습니다. 하지만 연나라 소왕은 곽외의 비유에 즉각 응답하였습니다. 제나라에게 빼앗긴 땅을 되찾기 위해 인재영입이 절실했던 소왕은 곽외가 가까이 있는 자신을 먼저 챙겨보라고 권유하자 바로 받아들였습니다. 등잔 밑을 먼저 살펴본 것입니다. 그러자 많은 사람들이 몰려들었습니다. 가족에 대한 일도 마찬가지인 듯합니다. 등잔 밑을 제대로 보지 않습니다. 남에게 잘 베풀던 사람이 정작 자신의 가족에겐 소홀한 경우가 있습니다. 가족은 너무 편한 나머지 쉽게 생각해서 그런 것 같습니다. 정작 힘들고 어려운 일이 있을 때는 가족이 방패가 되거나 울타리가 됩니다. 직장생활에서도 가까이 있는 사람이 소중한 나의 자산이 됩니다.

경찰 조직생활은 경쟁이 치열합니다. 특히 상위직으로 올라갈수록

경쟁은 극에 달합니다. 피라미드 조직체계이다 보니 상위직 승진이 낙타가 바늘구멍에 들어가는 것만큼 힘든 일입니다. 빽이 난무하는 요인이 되고 있습니다. 능력과 실적에 따른 인사를 위해 부단하게 제도 마련을 하고 있으나 사람이 평가하는 일에는 완벽하기 곤란합니다. 내부 인사룰을 불신하면 할수록 외부의 청탁이 난무하게 됩니다. 사회가 점점 투명해지고 공정해지고 있습니다. 공직사회도 예외일 수 없습니다. 선진국으로 향하는 좋은 현상이라고 볼 수 있습니다. 그런데 자신을 어필해주는 사람은 다름 아닌 자기와 지근거리에서 근무하는 동료나 상사입니다. 가장 큰 빽은 바로 이들입니다. 바로 등잔 밑에 빽이 있습니다. 동료나 상사는 자신을 가장 잘 알 수 있습니다. 이들의 입부조가 정말 중요합니다. 같이 근무한 동료나 상사가 더 나은 위치에 가 있을 경우엔 그들로부터 평소 좋은 인상과 신뢰를 받았다면 보직과 승진에서 추천과 평가를 후하게 받을 좋은 자산입니다. 같이 근무하면 이런저런 이유로 갈등과 마찰이 일어날 수 있습니다. 그럴 때 조금은 손해 본다는 생각이나 희생을 감수하는 일은 좋은 평가 마일리지를 쌓는 일이 됩니다. 눈앞의 작은 이익에 자칫 큰 빽을 놓칠 수 있음을 염두에 둬야겠습니다. 등잔 밑에 소중한 빽이 있음을 밝은 조명으로 비춰봐야 합니다. 사람의 앞일은 알 수 없는 것이기 때문입니다.

☞ 같은 부서에서 상사로 근무하면서 갈등을 빚었던 사람이 인사권자의 위치에 가자 좌천되는 사례가 있다. 반대의 경우도 있다. 인사권자도 사람인지라 사감이 개입되지 않았을까?

19 화우지진 火牛之陳

연나라 악의 장군은 소왕 때 조, 초, 한, 위, 연의 5개국 연합군 사령관이 되어 강대국인 제나라 70개 성을 함락시켰다. 제나라는 거와, 즉묵 두 개의 성만 남기고 모두 빼앗겼다. 이때 즉묵을 지키고 있던 제나라 장수는 전단이었다. 악의가 즉묵을 공격할 때 연나라에선 소왕이 죽고 혜왕이 즉위했다. 악의는 혜왕이 태자로 있을 때부터 사이가 좋지 않았다. 전단은 이 사실을 알고 악의가 제왕이 되려 한다는 유언비어를 퍼뜨려 혜왕이 악의를 해임시키게 하였고 혜왕은 기겁을 장군으로 임명하였다. 악의는 조나라로 피신했다. 전단은 계속하여 '연나라 군사들이 제나라 사람의 코를 벨 것이다', '선조의 묘지를 파헤칠 것'이라는 유언비어를 퍼뜨리고 뇌물을 바치는 등 연나라를 방심케 하고 제나라 백성과 군사들이 적개심을 불태우게 했다. 어느 날 전단은 연에게 항복하겠다고 사자를 보낸 뒤 천여 마리의 소를 모아 붉은 비단옷을 만들고 오색으로 용을 그리게 하여 소에게 입히고 칼날을 쇠뿔에 맨 다음, 갈대를 소의 꼬리에 매달아 기름을 붓고 끝에다 불을 붙여 한밤중에 연나라 군사들이 있는 곳으로 내몰았다. 그리고는 뒤에 힘센 장사 오천 명을 따르게 하였다. 소는 꼬리가 뜨거워지자

연나라 진중으로 마구 날뛰어 연나라 군사들은 혼비백산하여 어쩔 줄을 몰랐다. 이 와중에 연의 장군 기겁은 죽었고 연나라 군사들은 크게 패하여 빼앗겼던 70개 성을 순식간에 탈환했다. 연나라 혜왕은 뒤늦은 후회를 했으나 이미 엎질러진 물이었다.

… 전단열전

'화우지진(火牛之陣)'이란 불을 붙인 소떼가 친 진. 소의 꼬리에 불을 붙이고 머리엔 용의 형상을 한 옷을 입혀 연나라 진중으로 소를 몰아 연나라를 대패시킨 제나라 장수 전단의 전술을 말함.

火 : 불 화, 牛 : 소 우, 之 : 갈 지, 陣 : 진영 진

집회시위를 전쟁처럼 대응하던 그때 그 시절

인류의 역사는 크고 작은 전쟁의 연속입니다. 작게는 부족 간 전쟁부터 수천만 명이 죽어간 세계대전까지 엄청난 규모의 살상이 일어난 전쟁도 있습니다. 전쟁영웅이라는 말처럼 아이러니한 말도 없습니다. 오직 승자만이 살아남는 전쟁을 승리로 이끈 장수는 전쟁영웅이라지만 알고 보면 수많은 사람을 살상한 사람입니다. 어떤 대의명분으로 많은 사람을 살상하고서 칭송받을 일인지 생각해볼 일입니다. 그래

서 반전운동을 하는 사람들이 있는 것 같습니다. 세계는 아직도 한방이면 지구촌을 폭삭 내려 앉힐 수 있는 가공할 만한 핵무기를 개발하고 있습니다. 살기 위해 죽이는 기술을 개발하는 것입니다. 무시무시한 전략무기로 전쟁억제력을 유지하고 있습니다. 언제 균형을 잃게 될지 조마조마한 현실입니다.

전쟁의 역사가 오래된 만큼 전쟁을 치르는 병법도 수천 년간 발전되어 왔습니다. 동서양의 많은 전략가들이 명멸했습니다. 익히 아는 손자병법은 현대에서는 경영전략으로도 이용될 정도로 병법은 경쟁사회에서 살아가는 방법이기도 합니다. 이순신 장군의 해전은 세계 해전사에 길이 남을 정도로 뛰어난 전술을 보여주었습니다. 이순신 장군의 학익진(학의 날개 모양으로 펼쳐서 왜선을 포위한 전술)은 유명합니다. 전단이 소를 날뛰게 한 전술도 기발하다는 생각이 듭니다. 주술이 먹히던 시절이니 소를 용처럼 변장시키고 꼬리에 불을 붙여 날뛰게 하는 전술은 당시로써는 병사들을 혼란 상태에 빠지게 했을 것입니다. 소수로 다수를 물리친 기지를 발휘했습니다. 요즘으로 치면 전단은 쓰러져가는 나라를 구한 그야말로 전쟁영웅입니다.

민주화의 열기가 한창이던 80년대 중반 도심에서 연일 벌어지는 시위를 경찰기동대원들이 막아야 했습니다. 돌과 화염병, 쇠파이프, 최루탄이 난무하는 도심은 사람이 죽어나가지는 않았지만 전장을 방불케 했습니다. 경찰기동대원의 복장도 당시 육군복과 같은 색상이었습니다. 최루탄을 쏘는 총이지만 총기를 휴대했습니다. 사과탄이란 개인용 최루탄도 휴대했습니다. 장갑차 같은 가스차량에서 다연발탄 발사기가 장착되어 대규모 시위군중이 나오면 발사도 했습니다. 방석모와 방석복을 착용하고 방패를 휴대한 기동대원은 흡사 갑옷을 착용하고 있는 장수 같았습니다. 장비와 기동대원의 모습을 보면 그야말로 전장에 투입되어 군사작전을 벌이는 군대의 모습입니다. 돌과 최루탄의 공방은 학원과 도심에서 일상화되던 시절입니다. 2000년대 인권의식이 강화되면서 집회시위 현장에서 경찰의 대응 방식도 시위군중과 충돌을 가급적 피하겠다는 입장으로 바뀌었습니다. 그래서 나온 것이 차벽이라는 전술이었습니다. 경찰이 공격적인 입장에서 수비적인 입장으로 바뀐 분위기가 한몫했습니다. 시위군중이 경찰관에게 직접적으로 다가와 방패 위를 각목과 쇠파이프로 가격하고 이를 막는 경찰관과 마찰하여 양측의 불상사를 막기 위한 방책이었습니다. 고육지책으로 기동대 버스를 이용한 격리와 차단의 전술로 나온 것입니다. 적은 경찰력으로 많은 시위 군중을 차단하는 것으로 아주 유용하였습니다. 청와대나 정부 주요 청사로 집단진출을 막아주는 차벽 전술은 서울 도심 집회에서 효과적인 대응책이었습니다. 광우병 시위가 격화되었습니다. '명박산성'은 변형된 차벽의 한 종류였습니다. 시위대는 청와대 진입을 겨냥하여 광화문에서 대규모로 밀려왔습니다. 최루탄을 사용치 않고는 경찰력으로 막는 것은 현실적으로 도저히 불가능하였습니다. 경찰은 광화문 대로를 가로막는 컨테이너를 동원했습니다. 컨테이너가 밀리지 않도록 철끈으로 고정시키고 컨테이너끼리 용접도 했습니다. 시위대가 컨테이너 위로 오르지 못하도록 공업용 윤활유도 전면에 발랐습니다. 작전은 대성공이었습니다. 이후 철옹성 같은 컨테이너 작전은 정부의 불통의 상징이 되었습니다. 명박산성이라고 불렸습니다. 시민단체의 비판과 비아냥이 극에 달했습니다. 차벽에 대한 논란이 그치질 않았습니다. 집회시위의 자유를 탄압하는 대표적 상징물이 되었습니다. 결국 백남기 농민 사망사건을 기점으로 차벽작전은 사라졌습니다. 차벽의 원조가 있습니다. 80년대 대학가 시위가 극에 달하던 시절, 신촌 로터리는 시위의 메카였습니다. 로터리를 두고 경찰과 학생의 공방은 상시 볼 수 있는 풍경이었습니다. 대규모 시위가 예상된 날, 관할지역 대학교 출신의 경찰서장은 모교 후배들을 상대로 공방을 펴야 하는 심리적 압박감을 갖고 임무를 수행했습니다. 후배들과 부딪치지 않고 차단하는 방법을 최초로 고안했습니다. 바로 청소차 컨테이너를 이용한 거리차단이었습니다. 집회 시위 전날 구청 청소차량을 동원하여 청소차 컨테이너를 이용하여 차단벽을 만들었습니다. 얼추 효과적인 아이디어였습니다. 집회 초기 학생들은 차단벽을 넘지 못했습니다. 출동 경찰기동대원들도 한결 느긋하게 대응하며 학생들의 투석을 한발 멀리서 피할 수 있었습니다. 최루탄을 사용하지 않게 되는 부수효과도 얻었습니다. 그런데 시위가 격해지면서 학생들이 청소차 컨테이너를 장악했습니다. 학생들은 컨테이너 문고리를 부수고 그 안에 내용물을 꺼내서 투척했습니다. 컨테이너가 밀리지 않도록 안에 쓰레기를 그대로 둔 채 배치한 것이 화근이었습니다. 학생들은 그 속에 있는 연탄재와 쓰레기들을 기동대를 향해 마구 던졌습니다. 연탄재와 쓰레기들이 난무하는 현장이 되었습니다. 돌을 피하던 기동대원들은 쓰레기 세례를 받는 어처구니없는 상황을 겪게 되었습니다. 밤이 깊어 시위는 끝났지만 기동대로 복귀한 대원들은 쓰레기 악취에 곤욕을 치렀습니다. 전쟁승리를 위해 인간이 할 수 있는 모든 계략을 다 펼치지만 시위군중은 적이 아니므로 전쟁의 전술을 사용해서는 안 된다는 생각은 변하지 않아야겠습니다.

☞ '집회시위 군중은 적이 아니다'는 진압수칙을 기동대원들은 출동 전 반복적으로 외치거나 교육을 받는다. 현장에서 시위군중의 공격에 자칫 같이 흥분할 경우 시위대가 다치거나 심지어 사망하는 결과를 일으킨 아픈 경찰역사를 잊지 말아야 한다.

겨울나기

까만 눈 짙게 내리는 오후
겨울 철새 한 마리
들길 끝자락 휘감아 돌아
때늦은 비상을 한다

가을빛 머금은 민들레 홀씨
시린 몸 떨더니
추적이는 바람에 흩날려갔다

봄은 언제나 쉬이 오지 않는다

20 포의지교 布衣之交

　인상여는 조나라 혜문왕의 환관이었던 목현의 객인이었는데 그의 출중한 지략으로 혜문왕의 책사가 되었다. 진나라에서는 조나라의 화씨지벽이라는 구슬이 보물로 알려지자 자국의 성 15개를 주겠다며 구슬을 달라고 하였다. 하지만 조나라 조정에서는 구슬은 빼앗기고 성은 받지 못할 것으로 판단하고 고심하던 중 인상여를 사신으로 보냈다. 조나라의 사신으로 간 인상여는 진 소양왕과 대면하고 화씨지벽 이야기를 꺼냈지만 소양왕은 구슬에만 관심을 보이고 성을 넘겨줄 뜻이 전혀 없음을 판단한 인상여는 구슬에 흠이 있다며 재빠르게 빼앗고 기둥 옆으로 달려가서 말하기를 "구슬을 다시 보려면 5일간 몸을 정결히 씻고 기다리라"고 말한 뒤 소양왕에게 목욕재계할 것을 요구하였다. 조나라 조정에서는 '진나라가 땅을 준다는 것은 거짓말'이라며 구슬을 주지 않기로 한 것을 자신이 반대하며 일반 백성들 간의 교류에 있어서도(布衣之交) 서로 속일 수 없는데 대국 간의 교류에 있어서 말할 필요가 있겠느냐며 설득하여 일이 성사되었다며 "조왕은 구슬을 내놓을 시 목욕재계하는 등 예를 갖추었으니 진왕도 목욕재계하고 예를 갖추시오"라고 요구했다. 조왕이 준비하는 동안 인상여는 종자에게 구슬을 넘겨주고 본국으로 보내버렸다(完璧).

… 인상여열전

'포의지교(布衣之交)'의 포의란 무명으로 만든 옷을 말하며

가난한 시민들이 입는 것이므로 서민의 교제. 평민과 사귐.

또는 신분이나 지위를 초월하고 이해관계를 떠난 교제 등을 말함.

布 : 베 포, 衣 : 옷 의, 之 : 갈 지, 交 : 사귈 교

경찰이 시민이고 시민이 경찰이다?

만남의 종류는 다양합니다. 남녀의 만남, 친구와의 만남, 직장에서 만남, 사업상 만남, 국가 간 만남인 외교에 이르기까지 호모사피엔스로 살아가기 위해서는 만남은 불가피합니다. 만남으로 좋은 인연이 되는 경우가 있는가 하면 차라리 만나지 말았으면 좋았을 악연도 있습니다. 친구 사이의 우정을 말하면서 관포지교를 말하기도 합니다. 참다운 우정을 상징하는 만남입니다. 이런 만남은 조건 없는 만남입니다. 조건이 개입되는 만남도 많습니다. 인상여가 진나라의 소양왕을 만나러 간 것은 조건 있는 만남입니다. 화씨벽을 주는 대신 15개의 성을 받는 조건을 실행하기 위한 만남입니다. 서로 조건을 충족시켜야 좋은 만남으로 마무리됩니다. 약속이행이 좋은 만남으로 결실을 맺는 전제조건입니다. 진나라 소양왕이 약속한 성을 줄 마음이 없음을 알아차린 인상여는 일반백성들과의 만남도 서로 속일 수 없는데 국가 간 만남에서 그런 일이 있겠느냐며 조나라 조정을 설득한 내용을 알려주며

시정잡배들보다 못해서야 되겠냐는 말을 암시합니다. 격식을 갖추고 좋은 만남으로 하자고 역설합니다.

경찰청이 내건 슬로건 중 눈길을 끄는 것이 있습니다. "경찰이 시민이고 시민이 경찰이다." 영국의 경찰 제도를 창시한 세계 경찰의 대부라 일컬을 수 있는 로버트 필 경이 내건 슬로건입니다. 영국에서 최초 경찰제도가 생기면서 경찰조직은 계급체계, 총기사용, 유니폼 착용 등 마치 군조직과 같았습니다. 경찰의 법 집행력이 너무 강하게 될 것을 우려하는 목소리가 나왔습니다. 로버트 필 경은 경찰은 군사조직처럼 강한 물리력을 행사하는 조직이 아니라는 점을 역설하고 싶었던 것 같습니다. 경찰은 제복 입은 시민으로서 시민이 경찰이고 경찰이 시민이라며 시민과 이질적이지 않다는 점을 강조했습니다. 경찰관이라고 시민과 괴리된 집단이나 사람이 아니며 시민을 위한 법 집행을 하는 또 다른 사람이라는 것입니다.

공권력의 상징인 경찰은 정부에 대한 불만을 표출하는 대상이 된지 오래입니다. 독재정권과 맞서 싸워 온 민주화 운동은 경찰관과 경찰관서에 대한 타격으로 그 상징성을 보여줬습니다. 집회시위 현장에서 경찰관을 가격하는 행위는 정당한 저항으로 여겨졌습니다. 파출소에서 난동을 부리는 시민을 제압하는 일도 쉽지 않습니다. 파출소 경찰관에게 폭행과 폭언을 일삼는 시민에 대한 솜방망이 처벌은 법 경시 풍조로 이어질까 우려되는 부분입니다. 경찰의 권위가 땅에 떨어지는 것은 법의 존엄성을 경시하는 것과 같습니다. 경찰도 일부 경찰관의 일탈행위로 시민의 인권을 소홀히 여겨 질타를 받습니다. 경찰과 시민

사이에 간극이 생기는 요인입니다. 그 옛날 일반 서민들끼리도 교류를 함에 약속과 예의를 지키는데 하물며 국가 공권력의 상징인 경찰과 주권자인 국민 사이의 교류에 있어서 약속과 예의를 갖추는 것은 기본이 되어야 할 것입니다. 그런 의미에서 경찰과 시민은 동체라는 '시민이 경찰이고 경찰이 시민이다'는 슬로건이 시사하는 바는 크다고 하겠습니다. 슬로건에서 머물지 않고 경찰과 시민의 신뢰 속에 안전한 사회가 되도록 서로가 주인의식을 가지고 노력해야 할 것입니다. 자칫 지나친 친함이 유착으로 흘러 법 집행력을 오히려 흐리게 하지는 않을까 하는 생각은 기우에 불과하다는 것을 보여줘야 할 것입니다.

☞ 경찰관 입직을 희망하는 사람이 늘어나고 있다. 의경제도가 폐지되면서 경찰관의 충원이 증가추세이다. 한 집 걸러 한 명이 경찰관이 있다는 얘기가 나올 만하다. 전 국민이 경찰가족, 친척이 될 수도 있다. 시민과 경찰이 자연스럽게 포의지교가 될 것 같다.

21 완벽 完璧

'완벽(完璧)'은 원래 인상여가 고리 모양의 보옥인 벽을 끝까지 무사히 지켜 완벽한 모습으로 조나라로 돌려보냈다는 고사에서 유래했으나 현대에서는 완전무결하다는 뜻으로 사용되고 있는 말임(전편 '포의지교' 내용 참조).

完 : 완전할 완, 璧 : 푸른옥돌 벽

99.9% 치안, 실패한 것일 수 있다

모든 면에서 완벽하다. 영어로는 'Perfect'라고 합니다. 사람들은 완벽함에 대해 찬사를 아끼지 않는 경우가 많습니다. 특히 스포츠 경기에서 선수들의 기량이 뛰어난 것에 완벽하다는 용어를 많이 사용합니다. 피겨스케이팅 김연아 선수나 체조경기, 양궁, 사격 등 인간의 능력으로 어떻게 저런 기술이 가능할까 하는 의문이 생길 정도로 정확하고 정밀합니다. 그럼에도 시간이 지나면 또 더 나은 기술과 기량이 나타나 인간의 한계가 어디까지일까 의문을 갖게 됩니다. 이렇듯 완벽함의 끝은 없는 것 같습니다. 완벽함에 대한 경의와 찬사가 더욱더 완벽함을 추구하게 됩니다. 완벽함의 추구가 인류 발전의 원동력이 된 것 같습니다. 한편 완벽한 사람에 대해서 높은 평가가 주어지는 반면 인간관계에서는 지나친 완벽함은 왠지 꺼려지게 됩니다. '찔러도 피 한 방울 나오지 않은 것 같은 사람이다', '독일병정 같다'라는 말들은 일을 함에 있어서 강인하고 빈틈없는 사람이라는 의미이지만 인간적이지 못한 사람이라는 의미도 있습니다. 인간성과 완벽함은 양립이 쉽지 않은 개념인 것 같습니다. 인간성도 좋고 일도 완벽하게 처리하는 사람이라면 금상첨화입니다. 현실은 인간성 좋으면 일이 좀 허술하고 일은 완벽하게 잘하는데, 인간성은 문제 있는 경우가 많습니다.

조직생활에서 부하는 상사가 일을 완벽하게 하는 것보다는 인간성이 좋은 것에 끌리고 상사는 부하가 인간성보다는 일을 완벽하게 해내는 것을 선호하는 경향이 있습니다. 부하의 입장에서는 임무를 완벽하게 처리할 수 있도록 상사가 성과지향형보다는 민주적인 리더십을 가지기를 희망하고 상사는 부하가 성과창출을 잘하기를 바라는 데서 오는 경향이라고 봅니다.

경찰활동의 여러 계획에는 '완벽'이라는 의미를 지닌 용어를 많이 사용합니다. '완전소탕', '철저이행', '완벽한 경호경비', '일망타진', '범죄 없는 마을(경찰에겐 이상적이나 실제 그렇게 되길 바랄까? 경찰이 필요 없어지는데…)', '강력단속' 등 대부분의 치안활동 계획은 완전성과 완벽함을 추구합니다. '우리 관할의 강·절도범을 90%만 잡자', '거동수상자 한

두 명은 제외하고 검문하자', '대통령 경호는 95%만 임무수행하자', '집회시위 현장의 시위대 한두 명쯤은 희생되더라도 별수 없다.', '음주운전자는 다 단속할 수 없으니 선별적 할 수 있는 데까지만 하자.'와 같은 계획을 짜는 경찰은 없습니다. 동네에 열 명의 도둑이 있는데 9명을 잡았다고 경찰활동이 90% 달성되었다고 만족할 수 있을까요? 단한 명의 도둑이라도 활동한다면 시민에게는 여전히 위협적인 일입니다. 거동수상자가 목전에 있는데도 오늘 많이 검문했으니 그냥 지나치자고 할 수 없습니다. 대통령 경호임무를 하면서 경호위해 요소를 99.9%를 제거했으니 '이만하면 됐겠지'라며 그만할 수 있을까요? 만취한 음주운전자가 옆을 지나가는데 '오늘은 단속 할당량을 다 채웠으니 내일 하지'라며 단속을 중단할 수 있을까요?

치안은 99.999…% 이루었다고 해서 끝날 수 있는 일이 아닙니다. 그야말로 완벽하게 하지 않으면 나머지 위험과 위해는 절대량과 관계없이 시민에게는 늘 불안하고 불편하게 하는 요소가 존재하는 것입니다. 따라서 치안은 100%가 완벽해야 성공한 치안이라고 볼 수 있습니다. 인상여가 기지를 발휘해 벽옥을 온전히 돌려보낸 것처럼 경찰은 치안계획을 수립함에 있어 시민의 불안과 불만을 제거하는 완벽한 임무를 수행하기 위해 온갖 지혜와 경험을 쏟아야 할 것입니다. 물론 완벽한 경찰임무 수행과 인간미 넘치는 경찰이 되면 금상첨화인 점은 두말할 나위가 없습니다.

☞ 사정이 이러다 보니 모든 계획의 완벽을 추구하는 용어와 지침으로 경찰 구성원들의 긴장감이 무뎌지는 경우가 있다. 때로는 현실적이지 못하게 되자 '대충철저', '현장상황에 맞게 유연하게 대응'이라는 말들이 생겨나곤 했다.

3월의 비

3월의 빗방울엔
얄미운 차가움이 남아있다
꽃망울아!
들뜬 설레임으로
서둘지 마라
꼭 피었으면 좋겠다

22 부형청죄 負荊請罪

　　조나라 혜문왕에게는 인상여와 염파 두 충신이 있었다. 인상여가 화씨 벽을 빼앗으려는 진나라로부터 완벽하게 돌려받는 등 공을 세워 혜문왕의 두터운 신임을 받게 되고 이후 상경의 지위까지 올라갔다. 염파 장군보다 지위가 높아진 데 대해 염파는 몹시 불쾌해 하며 자신의 대장군 지위는 전쟁터에서 목숨을 걸고 싸워 이긴 공로이지만 인상여는 일개 가신 주제에 입 하나 잘 놀려서 높은 벼슬에 오르니 질투심에 참을 수 없었다. 이를 안 인상여가 염파 장군을 피해 다녀 가신들이 민망히 여기자 인상여는 "진왕의 위세도 두려워 않았던 내가 어찌 염 장군을 두려워하겠는가? 오늘날 진나라가 조나라에 감히 대하지 못하는 것은 바로 나와 염파 장군이 합심해서 협조하기 때문이다. 그러므로 내가 염 장군을 피해다는 것은 바로 국익을 중히 여기기 때문에 사사로운 개인적인 원한과 체면 따위는 제쳐놓았을 뿐"이라고 말하였다. 이를 전해 들은 염파 장군은 자신의 잘못을 깨닫고 용서를 빌며 직접 가시나무 회초리를 등에 지고 인상여를 찾아가 처벌해줄 것을 자청했다(負荊請罪). 이후 두 사람의 관계는 매우 돈독해졌다.

… 염파 · 인상여열전

'부형청죄(負荊請罪)'란 가시나무를 등에 지고 때려주기를 바란다는 뜻으로 자신의 잘못을 인정하고 사죄하는 것을 말함.

負 : 짊어질 부, 荊 : 가시나무 형, 請 : 청할 청, 罪 : 허물 죄

두려워하면 또 다른 사고를 불러일으킨다

체면문화를 중하게 여기는 우리는 잘못을 인정하는 것을 상당히 어려워합니다. 잘못을 받아들이느니 차라리 목숨을 바치겠다는 말을 하며 버티는 경우도 있습니다. 잘못을 시인받기 위해 그 옛날 형리들은 '네 죄를 네가 알렸다'라며 가혹한 고문을 했습니다. 그럼에도 꼿꼿한 기개와 절개로 정신 무장된 선비들은 대의명분을 앞세워 자신의 잘못을 인정하느니 목숨을 내던지겠다고 합니다. 어떻게 보면 참 멋있는 행동인 것 같습니다. 진정으로 신념에 찬 행동에서 나왔다면 말입니다. 그런데 그런 신념이 괜한 강짜를 부리는 것이라면 문제는 다른 것 같습니다. 대의명분을 앞세웠지만 들여다보면 여러 가지 얽히고설켜 잘못을 받아들이지 못하는 상황 때문에 버티는 경우에 해당할 것입니다.

염파 장군은 상한 자존심 때문에 분개하며 지냈습니다. 자신보다 못한 공으로 높은 지위에 오른 인상여가 얼마나 미웠겠습니까? 그런데 인상여의 합리적이고 이성적인 판단을 전해 듣고 자신의 잘못된 생각을 후회하며 스스로 형벌을 자청합니다. 잘못을 사죄하며 때려 달라

는 뜻으로 웃통을 벗고 가시 회초리를 짊어진 채 친구들의 부축을 받으며 인상여의 집에 가서 사죄하였습니다. 대장군의 지위에 상상하기 어려운 사죄의 행동이었습니다. 이후 두 사람은 친해져 목숨이 떨어져도 변치 않을 친구가 되었다고 합니다. 사죄의 결단을 내린 염파에 대해 인상여가 사과의 진정성을 받아들인 결과일 것입니다.

경찰활동은 국가의 공권력 활동입니다. 무엇보다도 권위가 흔들려서는 안 됩니다. 공권력의 권위가 흔들리면 법 경시 풍조가 생길 수 있습니다. 따라서 경찰활동은 예측 가능하여 신뢰성이 있어야 하며 법적 근거가 명확하여 정당성을 유지해야 하고 집행과정에서 절차적 정당성도 저버려서는 안 됩니다. 그럼에도 경찰활동도 경찰관이라는 사람에 의해 이루어지는 일인지라 실수와 과오가 불가피하게 생기게 됩니다. 특히 과실일지라도 시민의 생명을 잃게 하는 일은 치명적인 과오입니다. 창경 이후 경찰에 대한 부정적인 인식은 바로 시민의 생명과 재산을 보호해야 할 경찰이 오히려 생명을 앗아가는 결과를 초래한 경우입니다. 4·19혁명의 도화선도 최루탄에 맞은 채 마산 앞바다에 떠오른 중학생의 시신입니다. 박종철 서울대생 고문치사사건, 백남기 농민사망사건은 경찰의 법 집행 과정에서 야기한 사람의 생명을 잃은 안타까운 일들입니다. 그 외도 여러 가지 뇌물수수, 성범죄 등 개인적인 일탈 또한 무시할 수 없는 경찰의 과오입니다. 그런데 경찰은 이런 결정적인 과오가 발생했을 때 허둥대곤 했습니다. 박종철 고문치사 사건은 '탁치니 억하고 죽었다'는 말로 은폐와 축소에 급급하다가 급기야 최고지휘관들이 구속되는 결과를 초래하면서 고문경찰의 낙인을 경찰역사에 찍게 만들었습니다.

시위현장에서 발생한 시위대의 사망사건의 경우에도 경찰은 정당한 공권력의 집행이었다며 맞서다가 정권의 눈치를 보며 나중에는 마지못해 사과하는 모습을 보여 시민들에게 두 번의 실망감을 안겨주게 되었습니다. 자신의 잘못을 뉘우치며 사과하는 일은 적시성과 진정성이 뒷받침되어야 합니다. 경찰은 국가공권력의 상징입니다. 경찰이 사과를 하는 것은 일응은 공권력의 권위를 실추시키는 일입니다. 하지만 진정한 권위는 허울 좋은 명분에 급급한 것이 아닙니다. 경찰은 지난 시절 많은 과오에 대해 사과를 주저해온 것이 사실입니다. 잘못을 시인하는 일을 매우 부적절한 일로 생각했습니다. 또 사과하더라도 끝이 아니라 책임자 처벌, 또 다른 요구조건을 내건다며 사과를 주저하는 것에 대해 이유를 부여합니다. 그러다가 여론에 떠밀리거나 정권의 힘에 의해 마음에 없는 과오를 인정하는 행위로 사과의 타이밍을 놓쳐 사과라고 인정을 받지 못한 경우도 많았습니다. 결국 초기에 진정성 있는 사과를 했다면 사태를 확산시키지 않을 일을 키우게 됩니다. 호미로 막을 일을 가래로도 막지 못하는 사태가 되곤 했습니다.

경찰관서장은 위기관리의 최종 책임자입니다. 소속 경찰구성원의 개인적인 일탈이든 시스템상 발생하였든 과오가 발생하면 신속하고도 신중한 결단을 내려야 합니다. 특히 시민의 비난감정이 고조되고 여론의 화살이 쏟아지기 전에 잘못을 인정하고 재발방지책을 마련하는 노력을 해야 합니다. 그중에서 특히 잘못을 인정함에 소홀해서는 안 될 것 같습니다. 적시성과 진정성 있는 사과가 필요한 시점을 잘 간파하는 것이 경찰관리자의 역량이기도 합니다. 염파같이 옷을 벗고 회초리를 지고 가서 때려달라는 정도의 진정성 있는 사과를 해야 합니다.

우리 문화는 정으로 쌓인 문화가 많습니다. 시민들은 진정성 있는 사과에 대해서는 받아들이게 됩니다. 많은 시위현장에서 사과하라는 주장을 많이 합니다. 현수막에는 'ooo은 사과하라'고 적어놓습니다. 그런데 사과를 하면 다음에는 책임이 따른다며 꺼립니다. 사과에 진정성이 없기 때문입니다. 어디까지 사과의 범위인지는 결국 사과를 받는 사람이 결정하기에 '내가 이 정도 했으면 된 것 아닌가' 하고 마음대로 판단할 일은 아닌 것 같습니다. 섣부른 자존심이나 얕은 대의명분으로 정말 중요한 걸 놓치지 말아야 합니다. 경찰활동도 결국 시민을 위해 존재하는 것이므로 시민의 감정관리가 최우선적으로 고려되어야 할 것입니다.

☞ 창경 이래 경찰기관이나 경찰구성원들의 중대한 과오가 발생했을 때 관련자들을 문책했지만, 시민의 아픈 마음과 상처를 보듬어 준 효과가 있었는지 생각해볼 일이다.

23 지상담병 紙上談兵

　조나라 사람 조괄은 장군인 아버지 조사 덕분에 수많은 병법서를 읽어 병법에 능통하였다. 그러나 조사는 오히려 아들이 뛰어나다고 생각지 않았다. 조괄의 어머니가 그 이유를 묻자 조사는 "전쟁이란 목숨을 거는 것이다. 조괄은 말로 너무 쉽고 간단하게 결론을 낸다. 만약 조나라가 조괄을 장군으로 삼지 않으며 그만이지만, 장군으로 삼는다면 조나라 군대를 패망하게 할 사람은 반드시 조괄이다."

　조사가 죽고 얼마 후 진나라가 쳐들어왔다. 조괄이 염파 장군의 후임으로 출정한다는 소문을 들은 조괄의 어머니는 왕에게 편지를 올려 아들이 그럴만한 인물이 못된다며 임명을 철회할 것을 간청하였다. 그러나 왕은 인상여의 간청마저 저버리고 조괄의 임명을 강행하였고 조괄은 자신만만하게 싸움터로 나갔으나 진나라 백기 장군에게 장평싸움에서 대패하고 자신도 목숨을 잃었으며 포로 40만 명은 생매장당하는 참사를 당하였다.

… 염파 · 인상여열전

'지상담병(紙上談兵)'이란 종이 위에서 병법을 말한다는 뜻으로
실제적인 쓰임에서는 필요 없음을 비유하는 말임.

紙 : 종이 지, 上 : 위 상, 談 : 말씀 담, 兵 : 군사 병

정책은 현장의 땀이 녹아들어야 성공한다

'우·문·현·답'이라는 말이 한때 유행했습니다. '우리의 문제는 현장
에 답이 있다.'는 말을 줄인 것입니다. 현장의 중요성을 강조하는 말들
입니다. 반대로 현장을 모르고 하는 일을 '탁상공론'이라고 합니다. 책
상머리에 앉아 이론적으로만 따져서 현장의 실정과 괴리된 것을 두고
하는 말입니다. 성공한 위정자는 현장의 소리에 귀 기울이는 사람입
니다. 그런데 현장의 소리는 만만치 않습니다. 정책을 입안하는 사람
은 현장의 실정이 반영되어야 함을 관념적으로 인식하고 있으나 의사
결정과정에서 반영되지 않는 경우가 많습니다. 시간, 예산, 이해관계자
의 대립 등 여러 가지 요인들이 현장의 소리 반영에 걸림돌로 작용합
니다. 최선의 현장성보다는 차선의 현장성을 찾게 됩니다. 그런데 차선
의 현장성을 가진 정책은 집행과정에서 상당히 왜곡될 가능성도 있습
니다. 결국에는 탁상행정이라는 비난에 직면하게 됩니다.

조괄은 전투현장에 나가보지 않은 채 병법서를 읽은 내용으로 자신
만만해 했습니다. 오랜 전투경험이 있는 아버지 조사와의 토론에서 이

긴 사실이 그를 더욱 의기양양하게 만듭니다. 아버지 조사는 이런 아들에 대해 걱정을 합니다. 조사의 예언대로 조괄은 현장을 잘 알지 못한 결과로 대패하고 목숨을 잃게 되었고 대규모 병사가 몰살당하는 어처구니없는 결과를 낳았습니다.

경찰청은 경찰의 최상급 기관입니다. 경찰청에서 입안되는 각종 치안정책은 말단 지구대·파출소까지 내려가 주민들에게 영향을 미치는 치안활동을 하게 만드는 정책입안과 결정기관입니다. 정책입안은 대부분 중간간부인 경정급 이하 경찰관들이 주축이 되어 이루어집니다. 고시, 경찰대, 경찰간부후보생, 공채출신 경찰관 가운데 우수한 자원들이 정책입안의 실무자로 일을 합니다. 과장급 이상 간부들은 1년 단위로 보직 변경이 이루어지는 반면 실무자들은 승진이 되지 않는 이상 한 부서에서 최소 5년 이상을 장기근무하며 정책입안에 관여하여 정책입안의 전문가가 됩니다. 1년 남짓 근무하는 고위간부들의 실무적인 정책브레인 역할을 합니다. 정책에는 이들의 의견이 많이 반영됩니다. 기술적인 문제에서는 잠시 그쳐가는 의사결정권자가 따라갈 수 없을 정도로 정책의 흐름도 잘 간파하고 있습니다. 이들은 장기근무를 하면서 보고서 작성의 전문가가 됩니다. 보고서의 내용은 물론 형식까지 빈틈없이 작성하여 상사들로부터 신임과 노고를 인정받습니다. 특별한 일이 없으면 승진의 기회가 주어집니다. 문제는 이들이 정책부서에 장기간 근무하게 되어 생산한 정책들이 때로는 현장과 괴리될 수 있다는 문제점을 안게 된다는 점입니다.

4차 산업 혁명시대를 맞이하여 현장은 엄청나게 빠른 속도로 변하고 있습니다. 정책부서에 장기근무하면서 현장감이 떨어질 소지가 있습니다. 청장과의 대화방 등 현장 경찰관들이 의견을 개진할 수 있는 통로가 다변화되고 활발해졌지만 일부 경찰관의 시각에서 본 의견일 수 있고 상급부서의 일에 대한 막연한 불만을 토로하는 단견일 수 있다는 한계가 있습니다. '본청에 앉아서 실상을 모른다'는 폄하의 소리에 불편할 수도 있습니다.

서울 등 일선서 근무 경력을 본청 근무자 선발기준으로 넣어 현장성을 살리려는 노력에도 한계가 있습니다. 경찰활동은 현장입니다. 현장근무자에게 많은 승진기회를 주겠다고 인사 때마다 외치지만 현장 인원에 비하면 극히 적은 인원입니다. 그렇다고 새벽별을 보고 출근하여 퇴근의 자유 없이 머리 싸매고 일하는 정책부서, 기획부서 경찰관들을 홀대할 수도 없는 현실입니다. 결론은 정책부서나 기획부서 정책입안자들이 정책은 현장의 땀이 녹아들어야 한다는 점과 본인들 스스로 현장에 대한 감각을 놓치지 않아야 한다는 당연한 사실을 늘 염두에 두어야 하겠습니다.

☞ 경찰 고위간부가 되려는 사람은 정책부서, 기획부서, 현장을 두루 섭렵할 필요가 있다. 지나치게 한쪽에 편중되는 보직경력은 조직으로나 개인에게도 바람직한 것이 아니다. 가끔씩 정치적 고려로 현장경험이 전무한 사람이 최고 의사결정권자가 되는 경우가 있어 치안행정의 시행착오를 겪는 경우가 있다. 국민에게 미안한 일이다.

무명가수

봄바람에 흩날리는 꽃가루가
어디로 날아갈지

양철지붕 두드리는 소낙비는
얼마나 아파할지

빛바랜 낙엽은
힘에 겨워 떨어졌는지

뒤척이던 지난 밤에
까만 하늘 하얗게 첫 눈이 내리더니

아침 햇살 가득 품고
천상의 이야기가 대지를 덮었다

삶이란
때론 아프고 때론 힘들어도
언젠가는 어디에서
아름답게 아름답게
내 노래가 불려지기를 기다리는
무명가수다

24 걸견폐요 桀犬吠堯

제나라 사람 추양은 위나라에서 유세하였는데 위 효왕에게 상서하여 일하고 싶다고 하였으나 양승이라는 사람이 추양을 시기하여 모함했다. 왕은 크게 노하여 추양을 구금하고 사형에 처하려 하였다. 추양은 왕에게 편지를 올려 모략을 당한 많은 사람들은 역사적으로 모두 충절지사였음을 말하고 "군주가 교만한 마음을 버리고 진정을 보여주며 보답하는 심정을 베풀면서 선비들과 격의없이 지내고 어려움을 같이하며 즐거움을 나눈다면 폭군 걸왕의 개라 하더라도 요임금을 향하여 짖게 할 수 있고(桀犬吠堯) 도척의 문객일지라도 그를 시켜 허유를 죽일 수 있을 것입니다"라는 말하여 이에 감동한 위 효왕은 추양을 풀어주었다.

··· 노중련 · 추양열전

'걸견폐요(桀犬吠堯)'란 폭군 걸왕의 개도 성왕 요임금을 보면 짖는다는 뜻으로 윗사람이 교만한 마음을 버리고 아랫사람을 진심과 믿음으로 대하면 아랫사람은 자기 상관에게 충성을 다하게 된다는 것을 말함.

桀 : 홰 걸, 犬 : 개 견, 吠 : 짖을 폐, 堯 : 요임금 요

갑이 자초한 을의 반격

'乙의 반란이 시작되었다.' 사회가 갑질 파동에 휩싸였습니다. 갑과 을의 전쟁에서 갑의 패색이 짙어지고 있는 듯합니다. 갑·을 관계는 법률상 계약관계에서 나온 말입니다. 법률상 계약에서 갑을은 상호 간 인정하는 정당한 법적 권한을 가지는 관계입니다. 그런데 현실적으로는 을은 법적 권한이 약한 자의 위치에 있고 갑은 강자의 위치에 있는 법적 지위가 주어지는 것으로 됩니다. 사실상 정당한 법적 지위임에도 갑은 언제부터인가 부당한 권력자의 위치가 되었습니다. '갑'이라는 말에 나쁜 행동을 의미한 접미사인 '질'이 붙게 된 것입니다. 정당한 갑이 아닌 부당한 갑의 권리행사를 말하게 되었습니다. 그런데 가끔씩은 정당한 갑도 도매금으로 갑질로 몰리는 경우가 있어 안타깝습니다. 직장에서, 남녀관계에서, 가정에서 기존 질서와 기득권을 통칭해서 갑질하는 부류로 분류되는 듯합니다. 장유유서의 미덕도, 부모 자식 간의 천륜도, 부부간의 유별도, 사제지간의 정리(情理)도 모두 권력관계로 분

류하여 나이 많은 사람이, 부모가, 남편이, 스승이 부당한 갑의 심판대에 올려지고 있습니다. 직장에서 여직원이 모닝커피를 한 잔 타던 모습이, 부모가 자식을 훈계하는 일이, 남편이 앉아서 밥상을 받던 일이, 스승이 사랑의 매를 들고 있던 일이 이제는 다시 생각해야 할 일이 되고 있습니다. 갑은 을의 반격 이유를 생각해봐야 할 시점이 왔습니다. 그동안 우리 사회에서 기득권을 가진 자들의 성장과정을 살펴보면 좋을 것 같습니다. 반칙과 특권이 횡행하던 후진성에 기인한 것이 아닌가 생각됩니다. 압축 성장과정에서 절차보다는 목표달성에 급급한 것이 작용한 것일 수도 있습니다.

경찰, 군 등 위계질서가 강한 조직일수록 갑질에 휘말릴 가능성이 크게 되었습니다. 장군이 사병에게, 여군에게 갑질을 했다며 옷을 벗어야 했습니다. 경찰도 예외일 수 없었습니다. 과거에는 상사가 부하에게 거리낌 없이 사적 심부름을 시켰습니다. 시키는 상사나 받아들이는 부하 역시 큰 문제의식이 없었습니다. 이제는 전쟁터에서 장수가 병사에게 돌격 앞으로 명령해야 할지를 눈치보고 결정해야 할 정도가 아닌가 싶습니다. 커피 한 잔 타주려는 여직원을 말려야 합니다. 이제는 그런 사무실 분위기를 애초에 만들지 말아야 합니다(감히 여직원에게 커피 심부름을 시키는 직장이 아직 존재하는지 모르겠습니다). 사회가 극도의 계층·세대 간 대립 구도로 갈까 우려하는 목소리도 있습니다. 문제는 정당한 갑조차 위축되어있습니다. 하급자의 잘못도 방치하거나 모른 체합니다. 갑질에 휘말리지 않으려는 비겁함이 자리합니다.

사람뿐 아니라 짐승조차 질릴 폭군 걸왕의 개가 성왕인 요왕을 보고 짖었다는 말에서 갑질 문제의 본질을 생각해볼 필요가 있습니다.

평소 을의 위치에 있는 사람에 대하여 어떻게 대하였나 하는 것이 갑질로 되느냐 정당한 갑이냐 오히려 존경의 대상으로 자발적으로 이루어진 일이냐가 된다고 고사는 말합니다. 자만심을 버리고 부하직원을 아끼고 이해하는 상사였다면 커피 한 잔 타준다는 것을 갑질이라고 생각할까요? 그 이전에 상사가 먼저 을에게 커피를 타준 기억이 있다면 더욱 의미 있는 모닝커피 서비스일 것입니다. 커피 한 잔으로 상하 간 따스한 정이 오갈 것입니다. 커피에 침을 몰래 뱉고 타주는 나쁜 을은 갑이 만든다는 생각을 하면 문제의 해결책이 보일지 모르겠습니다.

> ☞ 80년대 중반 입직 후 한 계급 높은 상사가 하늘처럼 여겨지던 그때, 상사가 운전하는 차를 조수석에서 타고 가면서 들었던 말, '내가 운전하는 차 타는 영광이 어때?' 송구스럽고 황송한 마음이 들었는데 지금 그런 말을 듣는 부하가 있다면 그의 마음은 어떨지 궁금하다.

25 방약무인傍若無人

위나라 사람인 형가는 독서와 검술을 좋아하였다. 일찍이 검술로써 위나라 왕을 찾아가 유세하였으나 위왕이 그를 기용하지 않았다. 이후 형가는 연나라 및 여러 나라를 떠돌아다니며 현인과 호걸과 사귀기를 즐겼다. 그 가운데 한 사람이 연나라에서 사귄 개백정이면서 축을 매우 잘 연주하는 고점리라는 사람과 친하게 지냈다. 형가는 술을 좋아하여 날마다 고점리와 술집에 드나들며 놀았다. 술에 취하면 길거리에서 고점리의 축 소리에 맞춰 노래를 부르며 함께 즐겼다. 그러다가 감정이 격해지면 남의 눈을 아랑곳하지 않고(傍若無人) 서로 부둥켜안고 울었다. 이후 진나라의 정(훗날 진시황)에게 원한을 품고 있던 태자 단이 형가에게 정의 암살을 부탁했고 형가는 단의 부탁으로 암살을 기도했지만 진시황제의 관복만 뚫었을 뿐 암살은 실패로 돌아가 형가는 죽임을 당했다.

··· 자객열전

'방약무인(傍若無人)'이란 곁에 아무도 없는 것처럼 여긴다는 뜻으로 주위에 다른 사람을 전혀 의식하지 않고 제멋대로 행동하는 것을 말함.

傍 : 곁 방, 若 : 같은 약, 無 : 없을 무, 人 : 사람 인

사생활도 공적업무의 연장이다!

행복한 삶이 되는 조건 중 하나가 남을 의식하지 않고 살아가는 것이라고 합니다. 남들은 내 일에 대해서 그렇게 관심이 없다고 합니다. 심리학자들의 실험에서도 그런 사실이 증명되었다고 합니다. 체면과 남의 시선 때문에 여러 가지 행동에 제약을 받아 자신의 마음이나 의지와 다르게 사는 일은 행복하지 않다는 것입니다. 남의 눈치를 보는 일이 가장 잘 드러나는 곳이 강의시간에 질문을 하는 행태라고 합니다. 서양 사람에 비하여 한국 사람은 질문을 잘하지 못한다고 합니다. 미국학생들은 지나치게 질문이 많아서 강사가 힘들다고 하는데 한국학생은 질문시간이 되면 잠시 정적이 감돌아 강사들이 머쓱해 합니다. '혹시 이 질문으로 일찍 끝내려는 분위기를 파악 못 하는 사람 취급당하는 것은 아닌지', '질문이 너무 수준이 낮은 것으로 빈축을 사는 건 아닌지' 등등. 질문자 자신의 주관이 아닌 강의실 분위기에 맞추려는 데 신경을 쓰게 되니 질문하기를 머뭇거리거나 포기하고 만다고 합니다. 지나치게 남을 의식하는 심리상태 때문이라고 합니

다. 하지만 남의 시선을 의식하는 행동은 자신의 삶은 행복하게 해주지는 않을지언정 남에게 피해를 주는 것은 아닙니다. 문제는 남의 시선이나 주변의 관심은 아랑곳하지 않고 제 마음 가는 대로 행동하는 경우입니다. 공중도덕을 지켜야 하는 상황에서 이를 무시하고 남의 눈살을 찌푸리게 하는 행동이 대표적일 수 있습니다. 신세대들은 기성세대와 비교하면 남을 의식하지 않고 마음 편하게 살겠다는 생각들을 많이 한다고 합니다. 자칫 기성세대와 세대 간 갈등을 불러일으킬까 걱정하는 소리도 있습니다. 형가는 자신의 뜻을 제대로 펴지 못하는 데 대한 울분으로 남을 의식하지 않고 술을 마시고 노래를 부르며 부둥켜안고 울었습니다. 지금의 기준으로 하면 고성방가로 인한 경범죄 처벌을 피할 수 없을 것입니다. 시대를 탓하며 절치부심하는 형가의 마음을 읽게 됩니다.

경찰관은 군인과 달리 출·퇴근시에 제복을 착용치 않습니다. 군인들은 언제든지 전장에 뛰어나갈 수 있는 태세를 갖추기 위해서는 출·퇴근시라도 군복을 착용하는 것이 맞을 수 있습니다. 경찰관들도 출·퇴근시 경찰복을 착용하면 어떨까요? 움직이는 곳이 근무지가 될 것입니다. 관할과 경찰관의 근무시간은 경찰이 정한 것이지 시민은 경찰제복을 입은 경찰의 관할과 근무시간이 중요하지 않습니다. 필요시에는 언제든지 경찰의 도움을 받을 수 있기를 원하기 때문입니다. 경찰관이 눈에 많이 띄어 범죄예방의 효과는 있을 것 같습니다. 범죄예방효과를 거둔다는 측면에서는 효과적일 것인데 반면 부작용도 만만치 않아 출·퇴근 시에는 사복을 착용합니다. 문제는 사복을 착용하더라도 경찰관의 신분이 없어지지 않습니다. 지하철에서 퇴근하던 경찰관이 소매치기를 검거했다는 기사가 가끔씩 납니다. 경찰관이 사복을 착용하고 출퇴근 시에는 근무시간이 아니므로 범죄현장을 그냥 지나칠 수 있습니다. 하지만 대부분의 경찰관들은 직업의식의 발로로 그냥 지나치지 못합니다. 우연히 범죄현장을 스쳐 지나갔는데 나중에 그런 사실이 밝혀지면 시민의 비난을 피하기 어렵습니다. 대부분의 경찰관들은 근무시간과 관계없이 범죄현장에 대해 직업의식을 발동하여 대처합니다. 참 모범적인 모습입니다만 때로는 경찰관의 신분임에도 방약무인하여 비난을 받는 경우도 있습니다. 주취상태에서 소란을 피웠다가 경찰관임이 드러나서 문제가 됩니다. 공직자의 사적 영역은 어디까지인지 고민이 되는 대목입니다. 그러나 공직자는 뼈까지 공직자이기를 국민들을 원합니다. 사복을 착용하고 근무시간이 아니라며 범죄현장을 지나친다면 이유를 막론하고 국민들은 쉽게 받아들이지 않습니다. 따라서 법 집행의 상징인 경찰의 행동과 마음은 24시간 빨간불을 켜고 있어야 하지 않을까 생각됩니다. 어쩌면 경찰관은 공사석 불문하고 시민의 눈치를 보면 살아야 하는 숙명을 가진 직업인 것 같습니다.

☞ 사적인 시간에 "내가 경찰관 누구야"를 밝히는 것은 공적인 일이 되었을 때(출퇴근시 범죄현장을 발견해서 범인을 제압하려고 할 때 등)하는 것이지 사적 활동을 하면서 내가 경찰관이라고 밝히는 것은 직권을 남용하는 일이 될 수 있다.

별의 침묵

해가 지는 하루
꽃의 속삭임

흩날리는 바람
고독 속의 몸짓

사무치는 그리움
쏟아지는 흐느낌

너의 침묵있기에
밤으로 여행이 참 좋다

26 세불양립 勢不兩立

연나라 태자 단은 어릴 적 친구처럼 지낸 진나라왕 정(훗날 진시황)이 자신을 박대한 일을 두고 복수를 불태우며 묘책을 찾던 중 국무를 통해 소개받은 전광 선생을 만나 "연나라와 진나라는 같은 하늘 아래 함께 존재할 수 없습니다. 선생의 높은 의견을 듣고 싶습니다."라고 의견을 구하자 전광은 "기린은 전성기에 하루 천 리를 달립니다. 그러나 늙고 나면 쇠약한 말보다 오히려 못합니다. 태자께서 알고 계시는 저도 옛날의 저입니다."라며 자신보다는 형가를 소개하겠다고 하고 형가를 찾아가 "지금 태자의 부름을 받아 만나고 오는 길인데 태자께서 젊은 시절의 나를 알고 있을 뿐 이렇게 늙은 사실을 모르고 계시었소. 연나라와 진나라는 두 나라가 함께 존립할 수 없는데(勢不兩立) 어떻게 하면 좋으냐고 물어왔소. 나는 당신과 나 사이를 외인이 아니라 여겨 당신을 추천하였소. 궁으로 가서 태자를 만나 주시기를 바라오."라고 하여 형가로부터 승낙을 받은 후 전광 선생은 태자와의 비밀을 지키겠다면서 자결하였다.

··· 자객열전

'세불양립(勢不兩立)'이란 비슷한 세력은 동시에 존재할 수 없다는 뜻으로 자웅을 겨루는 두 세력 사이에는 화친이 있을 수 없음을 이르는 말임.

勢 : 기세 세, 不 : 아닐 불, 兩 : 둘 양, 立 : 세울 립

줄타기보다 위험한 줄서기

하늘에 두 개의 태양이 없다는 말이 있습니다. 권력은 부모 자식 사이에도 나눌 수 없다는 말도 있습니다. 힘이란 늘 한쪽으로 쏠리게 되어있고 균형을 이루는 것은 상당히 어려운 역학관계의 속성을 가지기 때문인 것 같습니다. 권력은 평화를 보장하지만 그 권력을 쟁취하는 과정은 처절한 투쟁을 거치게 됩니다. 하지만 권력의 평화보장도 영원한 것은 아닌 것 같습니다. 춘추전국시대의 제후들은 세력 확장, 개인적 원한 등 여러 가지 이유로 치열하게 다툼을 벌였습니다. 오늘 떠오른 태양이 언제까지 지속될 수 없었습니다. 물고 물리는 치열한 싸움을 합니다. 그런 가운데 성공한 자는 패자의 반열에 올랐습니다. 진나라보다 열세였던 연나라는 형가라는 자객을 동원하여 진나라 왕을 살해하는 계획을 마련합니다. 실패했지만 두 개의 태양이 양립할 수 없듯이 진나라를 두고서는 연나라가 존립할 수 없다는 논리로 접근한 것입니다. 태양은 멋지지만 그 붉은 열기로 녹아내릴 수 있습니다. 멀리하면 추울 수 있습니다. 태양이야말로 불가근불가원(不可近不可遠) 하

는 것이 맞지 않는가 생각됩니다. 태양에 닿으려 했던 이카루스가 떨어졌듯 권력을 가까이한다는 것은 무서운 것입니다.

경찰의 1인자는 경찰청장입니다. 12만 거대 조직의 수장으로서 인사, 예산, 감찰권을 가진 그 권력은 조직 내에서 막강하다고 할 수 있습니다. 경찰청장 아래 계급은 치안정감으로 2인자의 위치입니다. 과거에는 치안정감이 서울청장, 경찰대학장 2명이었습니다(지금은 6명으로 조직이 상당히 확장되었습니다). 사실상 두 사람이 2인자이지만 교육기관장인 경찰대학장은 권력서열에서는 뒤로 밀리는 형국이라 두 명의 치안정감 중 서울청장은 당연히 차기 경찰청장 유력후보자가 됩니다. 따라서 서울청장은 떠오르는 태양입니다. 그러다 보니 경찰청 본청과 서울청은 미묘한 기류가 흐릅니다.

전국치안의 상당 부분을 차지하는 서울청은 본청의 각종 시정책의 주요한 바로미터입니다. 당연히 서울청의 치안여건과 상황이 많이 반영됩니다. 그런데 본청장의 시각과 서울청장의 시각이 다를 경우 문제가 생깁니다. 본청 입안자들은 당연히 본청장의 철학이나 생각이 담긴 정책에 주안점을 두지만 서울청 입안자들은 서울청장의 생각을 반영하려고 합니다. 여기서 양 기관 입안자들 사이에 눈에 보이지 않은 신경전이 발생합니다. 본청 입안자들은 당연히 최고 책임자인 경찰청장의 철학이나 생각이 반영되는 것을 고집하는 반면 서울청 입안자들은 현장 여건 등을 표면적으로 내세우지만 사실상은 서울청장이 차기 경찰청장이 된다는 점에서 다음에 서울청장이 본청으로 올라가면 당연히 바뀔 것이라며 은근히 저항을 합니다. 이런 경우 입안자들끼리 잘 조율하여 적절한 대안을 찾으면 될 일을 아이들 싸움이 어른 싸움으로 번지는 경우가 생깁니다. 참새들 같은 입방아로 양쪽수장을 싸움터로 몰아갑니다. 높은 권력자들일수록 고매한 인품으로 그런 문제에 너그러울 것 같지만 의외로 사사로운 문제에 권한싸움을 합니다. 나이가 들면 잘 토라지고 토라지면 오래간다는 말처럼 권력자들일수록 이런 감정싸움에 너그럽지 못한 것 같습니다.

입직 경로나 출신학교, 지역적 배경도 같은 A경찰청장과 B서울청장은 사이가 나빠 재직기간 내내 충돌한 경우가 있었습니다. 서로의 치안철학이 너무 달랐기 때문입니다. 고래싸움에 새우등 터진다는 말처럼 두 사람의 싸움에 죽어나는 것은 본청 근무자와 서울청 근무자들이었습니다. 본청 근무자 입장에서는 본청장의 방침이나 지침을 당연히 따라야겠지만 머지않은 시간에 서울청장이 본청장으로 입성할 것이 눈에 훤히 보이는데 온전히 따르자니 떠오르는 태양을 무시하는 처사가 될 수도 있는 것입니다. 서울청 근무자는 그래도 현존하는 권력인 본청장을 완전히 무시할 수도 없는 입장이었습니다. 그 와중에 '누구는 누구 사람이다. 누구는 앞으로 서울청장이 본청장으로 가면 제거대상 1번이다' 같은 흉흉한 뒷담화가 나돌기도 했습니다. 세불양립(勢不兩立)의 상황이었습니다. 이런 일들은 인사철이 되면 어김없이 나돌며 구성원들을 좌불안석하게 합니다. 눈에 보이지 않는 줄서기가 있게 됩니다. 정책은 풍향계에 맞추게 됩니다. 피해는 그 정책에 대한 국민에게 돌아갈 수밖에 없습니다. 결국 B서울청장이 본청장으로 올라가고 B청장의 많은 추종자들이 주요보직으로 이동하는 결과가 생겼습니다. 사람에 대한 충성을 하는 것이 아니라고 일갈한 공직자의 말이 무색하게 모두 사람에게 충성하는 조직으로 변질된 요인이 되었습니다. 줄서기가 고공에서 외줄타기하는 것보다 더 위험함을 보여줬습니다.

조직사회에서 누구사람이라는 말처럼 위험함을 알면서 피해가기 어려운 것도 없습니다. 일 잘하고 유능하여 상사의 신임을 받게 되면 시기와 모략이 횡행하는 것이 인간사입니다. 결국 조직의 역량을 떨어뜨리는 역효과가 발생합니다. 업무는 뒷전인 채 사람관리에 신경 쓰는 구성원이 많은 조직은 발전할 수 없습니다. 부하직원에게 일만 잘하면 된다는 믿음을 심어줘야 그런 업무 외적인 일에 덜 관심을 가지게 됩니다. 그것은 관리자의 몫입니다. 지나치게 편애하거나 편 가르기를 하는 관리자는 조직의 역량을 최대치로 끌어올리지 못하게 됩니다. 특히 오너가 실재하는 사조직이 아닌 공조직에서 잠시 그쳐가는 기관장이나 관리자가 줄서기에 혈안이 되는 조직 분위기를 만들어서는 안 될 것 같습니다. 구성원들이 세불양립에 허둥대는 조직은 미래가 없지 않을까 생각됩니다.

☞ 다 끝났다고 생각한 사람이 예상을 깨고 경찰청장에 올랐다. 다 끝난 것이라고 홀대했던 경찰관들이 몹시 곤혹스러워했었다. 그 청장에게 붙여진 별명이 '꺼진 불도 다시 보자'였다고 한다.

27 절치부심 切齒腐心

 연나라 태자 단은 형가가 진왕 정을 처단하러 가는 일이 지체되자 언제 실행할 것인지 형가에게 묻고 형가는 지금 진나라로 가더라도 진황에게 접근할 수 없다며 진나라 왕에게 연나라로 망명해온 번어기 장군의 목을 가져가면 만날 있을 것이라고 하였다. 태자는 연나라로 자신을 찾아온 번어기를 죽일 수 없다고 난색을 표명하자 형가는 단독으로 번어기 장군을 만나 설득하였다. 형가는 번 장군의 가족들이 진나라에서 몰살당했고 번 장군에게도 현상금이 걸려 있다며 원수를 갚는 일은 번 장군의 목을 진왕에 바치면서 그 자리에서 자신이 진왕을 검으로 살해하는 것이라고 제안하자 번어기는 상반신을 벗고 다가가며 말했다.

 "그것이야말로 내가 밤낮으로 절치부심(切齒腐心)하여 찾던 방안이오. 이제야 그 가르침을 얻게 되었소. 그대에게 뒷일을 부탁하오." 그러면서 번어기는 스스로 자기 목을 찔러 자결하였다.

··· 자객열전

'절치부심(切齒腐心)'이란 복수에 뜻을 두고 이를 갈고 속마음이 썩다는

뜻으로 대단히 분하게 여기고 마음을 썩인다는 말임.

切 : 끊을 절, 齒 : 이 치, 腐 : 썩을 부, 心 : 마음 심

이(齒) 가는 소리가 나지 않아야 된다

치아가 튼튼한 것은 오복(五福) 중에 하나라고 합니다. 치통만큼 고
통스런 통증이 없다고 합니다. 나이가 들면 치아가 튼튼해야 소화력
도 좋아진다니 치아관리를 잘해야 할 것 같습니다. 임플란트 기술이
발전하여 틀니를 하는 경우가 적어졌지만, 비용이 만만찮으니 평소 치
아관리에 신경을 써야 합니다. 그런데 치아 손상에 큰 영향을 끼치는
것 중 하나가 이(齒)를 가는 것이라고 합니다. 특히 잠잘 때 이를 가는
사람에 대해 코골이만큼 걱정되는 일이라고 합니다. 치아전문가들은
원인이 여러 가지가 있으나 심리적 스트레스도 중요한 원인이라고 합
니다. 이를 심하게 갈 경우 치아의 교접력이 약해서 씹는 작용에 문제
를 일으키니 교정을 해야 한다고 합니다. 자면서 이를 가는 일은 그로
테스크하고 자신뿐 아니라 함께 자는 가족의 수면을 방해하거나 주변
사람에게 해를 끼치는 행위입니다. 그런데 원수에게 복수하겠다며 이
를 가는 행위는 증오와 복수심이 얼마나 큰지 이해할 수 있습니다. 섶
위에서 자고 쓴 쓸개를 빨며 복수에 불타는 와신상담과 다를 바가 없

습니다. 사기에는 이런 복수의 화신들이 많이 나타납니다. 오왕 부차와 월왕 구천의 복수극입니다. 복수는 또 다른 복수를 잉태하며 불행의 씨앗이 된다는 사실을 알 수 있습니다. 절망적 상황을 극복하기 위해 스스로 이를 악물고 재기하는 것은 긍정적인 의미의 절치부심이라 할 수 있지만 복수만을 위한 이갈이는 재고해볼 필요가 있지 않나 싶습니다.

과거 경찰은 정치적인 영향을 종종 받았습니다. 정권의 색깔이 다르거나 경찰 최고지휘자의 성향에 따라 멀쩡하게 근무하던 유능한 경찰관이 부서에서 좌천되거나 표적성 감찰활동으로 옷을 벗게 되는 일들이 있었습니다. 특히 그런 영향을 많이 받는 부서는 예나 지금이나 정보기능의 근무자들입니다. 그다음으로 조직 내 구성원들로부터 적을 많이 만드는 감찰부서 감찰요원입니다. 전자는 업무특성상 정권의 색깔에 영향을 많이 받았고 후자는 새로 경찰 최고지휘자가 되는 과정에서 감찰의 우호-비후적인 평가가 반영되어 좌천시키는 경우입니다.

오래도록 지속되던 정권이 저물고 전혀 새로운 정권이 들어선 적이 있습니다. 대규모 인사이동이 예견되었습니다. 그동안 기득권 세력들은 여러 가지로 이유로 물갈이되기 시작했습니다. 경찰청 단위에서는 실무자급까지 좌천성 인사가 이어지고 이 중 몇몇 인사는 전 정권에서 한 역할에 대해 표적성 사정작업의 대상이 되어 옷을 벗게 되었습니다. 실무자에서부터 고급 간부에 이르기까지 적지 않은 사람들이 일선서로 좌천되고 한직부서로 배치되었습니다. 큰 흐름에서 물갈이 인사라고 볼 수 있습니다. 자신이 대우받으면 정당한 인사요, 불이익을 받으면 부당한 인사라고 여기게 됩니다. 불이익을 받은 구성원들은 불만을 가지게 됩니다. 작게는 인사권자부터 크게는 정권의 최고책임자인 대통령까지 싸잡아 불만을 토로하고 조직에 적개심을 가지게 됩니다. 그야말로 절치(切齒)하게 됩니다. 그런데 소리가 나지 않게 이를 가는 경우는 문제가 없습니다만 이 가는 소리가 클 때는 문제가 생깁니다. 2차 응징이 시작될 수 있습니다. 조직 내 구성원들 사이에 좌천된 구성원의 이 가는 소리가 퍼져 나갑니다. 좌천을 시킨 인사권자의 귀에 들어가게 됩니다. 불만과 불평의 정당성을 따져봅니다. 당연히 수용하고 자숙해야 할 처지를 간과한 무분별한 불평불만자로 낙인이 찍히면서 주시와 관찰의 대상이 됩니다. 사람인지라 좌천된 사람이 모든 업무에서 완벽하게 할 수 없습니다. 근태상황이나 업무 외적인 부분까지 따져보고 잘잘못에 대한 책임을 묻게 됩니다. 추가 문책으로 이어집니다. 재기의 기회마저 놓치는 우(愚)를 범하게 됩니다. 스스로 덫에 걸린 것이나 마찬가지입니다. 인사는 롤러코스터라고 합니다. 내려가면 다시 올라갈 기회가 언제든지 있는 것이 공직인사의 큰 속성입니다. 자칫 마음으로 재기의 의지를 불태워야 할 일을 이(齒) 가는 소리를 크게 하여 자신의 소중한 이를 다쳐 건강한 의지마저 꺾이는 일이 없어야 합니다. 복수심은 내 안의 감정에게 복수하고 통쾌하게 관용해야 진정한 승자가 됩니다. 강한 자가 살아남는 것이 아니라 살아남는 자가 강자라는 말이 정말 정답이라는 생각이 듭니다.

☞ 그때 그 시절 소리 없이 이를 간 사람은 이후 재기의 기회를 갖게 되었고 일부는 과격한 이갈이로 회생을 못 했다고 한다.

그대로 그 느낌대로 살고 싶다

그대로 그 느낌대로 보고 싶은데
눈치없는 눈꺼풀이 계속해서
깜박거리다 보고 싶은 느낌을 놓쳐버렸다

그대로 그 느낌대로 말하고 싶은데
낼름거리던 혓바닥으로 마른침을 입술에 바르다가
말하고 싶은 느낌이 미끄러져 버렸다

그대로 그 느낌대로 듣고 싶은데
염치없는 잡다한 소리들이 휘리릭 소용돌이 치더니
듣고싶은 느낌을 감싸고 달아났다

그대로 그 느낌대로 사랑하고 싶은데
까탈스런 여름날 빗줄기처럼 오락가락하더니
사랑의 느낌마저 낚아채 가버렸다

내 느낌과 네 느낌이 같으면
그 느낌대로 살 수 있을까

28 사위지기자사 士爲知己者死, 여위열기자용 女爲悅己者容

　　예양은 진(晉)나라 사람으로 일찍이 범씨, 중행씨의 대신으로 있었다가 명성을 떨치지 못하고 지백의 휘하로 들어갔다. 지백의 극진한 대접과 높은 평가를 받던 중 지백이 한, 위, 조의 연합세력에게 살해당했다. 조양자는 지백의 일족을 멸망시키고 지백의 두개골에 칠을 하여 요강으로 사용할 정도로 지독하게 증오를 하였다. 이에 예양은 산속으로 도망가 혼자 다짐하기를 "아아! 사나이는 자기를 알아주는 이를 위해 죽고, 여인은 자기를 기쁘게 하는 이를 위해 얼굴을 꾸민다(士爲知己者死, 女爲悅己者容)"며 지백의 원수를 갚겠다고 하였다. 이후 예양은 조양자의 궁중에 들어가 변소 벽을 바르는 일을 하며 암살을 시도하였으나 실패하였다. 조양자가 예양의 의리를 높이 사 풀어주었으나 이후 다시 다리 밑에서 외출하는 조양자 살해를 시도하였으나 또 실패를 하였다. 조양자는 더 이상 용서할 수 없다고 하자 예양은 조양자에게 "당신의 의복이라도 베게 해주면 복수의 마음을 드러내고 싶다"고 한 뒤 의복을 칼로 베면서 "나는 구천에서 지백에게 보답하리라!"라고 말한 뒤 칼에 엎어져 자살하였다.

… 자객열전

'사위지기자사, 여위열기자용(士爲知己者死, 女爲悅己者容)'란

뜻있는 자는 자신을 알아봐주는 사람을 위해 죽고,

여인은 자기를 기쁘게 하는 사람을 위해 화장을 한다는 뜻으로

자신을 알아주는 사람을 위해 가진 것을 모두 바친다는 것을 말함.

士 : 선비 사, 爲 : 할 위, 知 : 알 지, 己 : 자기 기 者 : 사람 자, 死 : 죽을 사

女 : 여자 여, 爲 : 할 위, 悅 : 기쁠 열, 己 : 자기 기 者 : 사람 자, 容 : 몸가짐 용

경찰을 알아주는 사람은 국민이다!

남으로부터 인정받는 것은 참 쉽지 않은 일입니다. 같은 일을 두고도 관점이 달라 그것을 인정하는 사람이 있는가 하면 인정을 하지 않는 경우도 있습니다. 여러 가지 이유가 있을 수 있습니다. 선입견이나 편견이 개입되어 달리 평가를 할 수 있습니다. 사람에 대한 평가도 마찬가지입니다. 따라서 평가받는 자의 입장에서는 자기를 잘 평가한 사람에 대해 우호적일 수밖에 없습니다. 상대방으로부터 '너만 믿어!'라는 말 한마디는 어떤 보상이나 조건보다 큰 힘으로 작용합니다. 특히 그 말이 직장상사라면 두말할 필요도 없이 온몸을 던져 자신의 임무를 완수할 것입니다. 물론 부작용도 만만치 않습니다. 자신을 몰라준다며 뛰쳐나가는 경우입니다. 특히 기업비밀을 가지고 나가면 엄청난 손실을 입게 됩니다. 배신의 아이콘이 됩니다. 당사자의 잘못이든 관

리자의 잘못이든 용병과 처세에 문제가 생긴 것입니다. 예양은 자신을 알아준 지백의 원수를 갚기 위해 두 번에 걸친 암살기도를 실패하고도 옷이라도 베게 해달라고 하였습니다. 예양의 죽음에 조나라 지사들조차 눈물을 쏟고 울지 않은 자가 없었다고 하니 그 당시로는 충(忠)의 본보기였던 것 같습니다. 자기를 알아준 주군에게 목숨을 바친 경우입니다. 하지만 여인이 자기를 기쁘게 해주는 사람을 위해 단장을 하는 것은 지금 시대상황에서는 다분히 성차별적인 시각이라며 반발할 것입니다. 남자도 자기를 기쁘게 하는 여인을 위해 성형이나 단장을 하는 요즘 세태에서는 맞지 않기 때문입니다. 오히려 여권이 강화되어 '女爲悅己者容'이 아니라 '男爲悅己女容'으로 되어가고 있는 게 아닐까 합니다.

경찰업무 중 중요한 업무 중 하나가 경호업무입니다. 대통령을 포함하여 총리, 3부요인, 외교사절 등에 대해 위해로부터 신변을 보호하는 업무입니다. 이 중에서 특히 중요한 업무가 대통령 경호업무입니다. 나라마다 경호기관의 차이가 있습니다. 우리는 대통령 경호실이라는 별도의 기구가 총괄하고 경찰이 실무상 많은 부분을 차지하며 활동하게 됩니다. 가까운 일본을 포함하여 많은 나라들이 대통령 경호 업무를 경찰이 주관하고 있지만 우리나라는 군사정권, 남북대치 상황 등 경호 주관 부서의 형성과정에서 특수한 상황을 많이 겪어 경찰이 단독으로 하지는 않습니다. 그럼에도 대통령 안위에 대해서는 경호에 대한 경찰 내 업무의 중요성은 상당합니다. 특히 군사정권에는 경호업무가 지상 최고의 업무로 간주되었습니다.

모든 지시사항의 우선순위에서 경호업무의 중요성을 강조하였습니다. 대통령 암살을 시도한 사건으로 영부인이 살해된 경우가 있습니다. 경호실이 주관부서임에도 관할 경찰서장과 경호책임자들이 줄줄이 문책을 당하였습니다. 마치 왕조시대의 왕비를 비명횡사케 한 분위기였습니다. 정권의 정당성이 흔들릴 때마다 강조되는 소위 VIP경호업무는 경찰지휘관의 최고 관심사항이었습니다. 그런 과정에 과잉조치로 시민의 불편을 야기시켰고 그야말로 주변을 다 봉쇄하였습니다. 도로를 전면 통제하여 소위 백판을 만들기도 했습니다. 경호실 지침으로 이루어진 일이지만 현장에서는 경찰이 조치하게 되니 시민의 불편을 야기시킨 주범으로 경찰이 몰릴 수밖에 없습니다. 경호가 완벽하게 이루어져 행사가 잘되었다며 경호실장 등 경호실 관계자들로부터 VIP의 치하 말씀이라도 전달받는 날이면 그 기분은 예양의 '士爲知己者死'의 결기로 기분이 업(up)되곤 했습니다. 시민의 자유로운 통행이 과도하게 제한되고 생업에 지장을 줄 정도의 통제가 이루어진 사실에 대해서는 별 관심이 없던 시절이었습니다. 지금은 오히려 통제가 너무 허술한 게 아닌가 싶을 정도로 시민친화적인 경호방침에 따라 가급적 시민의 불편을 줄이는 차원에서 이루어지고 있습니다. 민주화된 사회에서 정권의 자신감 표출로도 보입니다.

민주주의가 성숙할수록 완벽한 경호요원은 시민일 것입니다. 정권에 대한 정당성이 강할수록 대통령을 보호하려는 시민의 자발적인 경호의식이 발동된다고 봅니다. 지나치게 정권안보적인 경호와 대통령 개인에 대한 충성심의 발로로 사랑받고 기쁨을 받던 관행이 사라져서 다행입니다. 경찰은 어떤 경우에도 정권이나 개인의 인정을 받는 것이 아니라 시민의 인정을 받기 위해 존재해야 합니다. 특정인에게 충성하는 것이 아니라고 일갈한 어떤 공직자의 충직스런 발언이 초심을 잃지 않았으면 하는 바람입니다. 물론 경찰조직은 아직도 시민의 의구심에 찬 시선을 완전히 피하기 어렵지만 이런 입장으로 변해가고 있어 다행이라고 생각됩니다.

☞ 상사의 지시사항을 전달받는 직원조회에서 경찰청장에서 일선 경찰서장까지 주요한 지시사항에서 빠지지 않는 항목이 지난 90년대까지 이어졌다.

①완벽한 경호임무수행. ②전의경 자체사고 방지. 앞이 되었든 뒤가 되었든 이 두 가지는 늘 교양수부에 기재되어야 했고 감독기능에서는 이를 확인하는 관행이 있었다.

29 순망치한 脣亡齒寒

진(晉)나라 육경(六卿)은 범씨, 중행씨, 지씨, 한, 위, 조의 여섯 사람
이었다. 범씨와 중행씨는 먼저 멸망하고 나머지 네 사람이 세력다툼을
벌이게 되는데 그중 지백의 세력이 가장 강하였다. 나머지 세 나라로
부터 땅을 바치라고 요구하는 지백에 대해 조 양자는 반기를 들었다.
지백은 조 양자의 진양성을 공격하며 물길을 성으로 돌려 수몰작전을
펼쳤다. 이에 조 양자는 몰래 신하를 한, 위 진영에 파견하여 공동대
처할 것을 설득하였다. "만일 우리 조씨가 망하면 그다음은 누구 차례
입니까? 입술이 없어지면 이가 시리게 되는 것입니다(脣亡齒寒). 결국
지백에게 모두 멸망하게 될 뿐입니다. 우리 셋이 힘을 합해 지백을 치
는 것만이 함께 살 수 있습니다."라고 하여 이들 두 나라로부터 연합
을 이끌어 낸 뒤 물길을 지백 진영으로 돌려 지백의 군사들이 물난리
를 만나 우왕좌왕하는 사이에 연합군이 일제히 협공하여 지백의 군사
를 대파시키고 지백을 죽였다.

··· 자객열전

'순망치한(脣亡齒寒)'이란 입술이 망가지면 이가 시리다는 뜻으로
서로 떨어질 수 없는 사이를 말함.

脣 : 입술 순, 亡 : 망할 망, 齒 : 이 치, 寒 : 찰 한

전의경, 역사의 뒤안길로…

'실과 바늘 사이' 같다고 합니다. 둘의 밀접한 관계를 말합니다. 실은
저 혼자서 바느질 역할을 할 수 없습니다. 바늘이 있어야 실로서 역할
을 하는 것입니다. 마찬가지로 바늘도 실이 없으면 제 기능을 하는 데
는 쓸모가 없습니다. 돈독한 관계임을 알 수 있습니다. 신체구조상 입
술과 이(齒)의 관계도 그런 것 같습니다. 입술이 없다면 치아가 찬바람
을 바로 맞게 되어 시리게 될 뿐 아니라 씹은 음식물이 입 밖으로 흐
르지 않도록 하려면 입술을 닫아줘야 할 터인데 입술이 망가지면 그렇
게 할 수 없습니다. 입술도 이(齒)가 없다면 호호할머니 합죽이 입처럼
제 모양을 가질 수 없으니 둘의 관계 역시 실과 바늘만큼이나 뗄 수
없는 관계라고 볼 수 있습니다.

세상을 살아가려면 제 혼자 잘나서 살 수 없습니다. 유명 연예인의
뒤치다꺼리를 해내는 사람들이 있습니다. 일정관리, 운전, 비서, 코디
등 궂은일을 하는 사람들입니다. 우리는 이들을 매니저라고 부릅니다.
간혹 매니저 없이 활동하는 연예인들로 있지만 연예인들은 대부분 매

니저를 두고 활동합니다. 이들이 없다면 연예인들의 활동이 쉽지 않을 것입니다. 묵묵히 무대 아래서, 조명 밖에서 그들이 있기에 연예인들이 스포트라이트를 받습니다. 연예인과 매니저 이들 관계도 순망치한 (脣亡齒寒)의 관계일 것입니다.

전의경 제도가 사라지게 되었습니다. 전의경 제도는 1967년 대간첩 작전을 위해 도입된 전투경찰순경 제도를 거쳐 의무경찰순경 제도로 발전하였습니다. 이들은 직업경찰관의 각종 치안업무의 보조역할을 하였습니다. 초기의 전투경찰순경(전경)은 전국의 주요 해안선의 경계와 내륙의 대간첩작전 및 주요 시설물 경비임무를 훌륭히 수행해 냈습니다. 군의 경계임무 인력의 부족한 부분을 보충하기에 충분했습니다. 하지만 반정부시위가 가열되는 80년대에 들어서며 이들 대부분이 도심지 시위에 투입되며 정권의 방패 역할과 시위군중을 진압하는 악역을 맡게 되면서 초기의 취지가 무색하게 되었습니다. 의무경찰순경 제도(의경)는 교통단속 경찰의 부패가 만연되던 시절 대학재학생들을 대상으로 모집하여 교통단속 업무에 투입하여 단속과정에서 금품수수를 차단하는 효과를 본 것을 기화로 당시에 고학력자가 부족했던 경찰조직에 새로운 활기를 불어넣었습니다. 이들은 교통단속 업무 외에 경찰행정의 여러 기능에 배치되어 때로는 직업경찰관보다 더 훌륭히 치안행정보조 역할을 하였습니다. 군부대와 같은 폐쇄된 생활이 아닌 일반시민을 늘 대할 수 있고 도심근무를 중심으로 근무하여 남북대치 상황이 심각했던 당시 전방에 배치되던 일반 사병과 달라 많은 지원자들이 의경모집에 몰렸습니다. 이후 국방부에서 차출되던 전경이 줄어들면서 의경이 시위진압업무에 동원되어 의경제도 역시 초기 취지와 다르게 운영되게 되었습니다. 시위현장에 시민을 탄압하는 이미지를 심게 되었습니다. 그럼에도 많은 전의경들이 치안활동의 현장에 투입되어 직업경찰관의 업무를 보조하거나 어떤 경우에는 보조업무를 넘어 직업경찰관보다 더 효과적으로 임무를 수행하였습니다. 경찰치안은 전의경 치안이라는 말이 나돌 정도였습니다. 전의경 제도가 없었다면 경찰서 입초근무부터 자질구레한 경찰업무를 직업경찰이 해야 하며 직업경찰관의 이가 많이 시렸을 겁니다. 이런 전의경 제도가 머지않은 장래에 폐지됩니다. 그동안 국가적으로는 적은 예산으로 치안력을 확보하고 직업경찰관은 전의경들이 운전요원 등 힘들고 궂은일뿐 아니라 경찰행정의 많은 부분에서 크고 작은 역할을 대신하여 좋아했으며 전의경들은 병역의무를 도심에서 일상생활을 하듯 할 수 있어 누이 좋고 매부 좋았던 제도가 없어지는 되는 것입니다. 따지고 보면 국가는 국민에게 싼 치안서비스를 제공한 것 같습니다. 20대 초반의 나이에 병역의무를 대신하는 전의경이 직업경찰관보다 양질의 치안서비스를 제공한다는 데는 한계가 있기 때문입니다. 이제는 시위현장에서 1선을 직업경찰관으로 구성된 기동대가 투입됩니다. 더 이상 뽑지 않아 줄어들고 있는 전의경 부대는 가급적 시설경비에 투입되거나 2선을 맡깁니다. 치안보조요원에 불과한 전의경을 시위진압에 투입한다는 비판과 젊은 혈기의 전의경들이 시위대를 맞닥뜨릴 경우 감정적 자제가 힘들어 의외의 불상사를 차단하자는 취지입니다만 병역을 필하기 위해 징집된 젊은이들이 무고하게 시민들로부터 돌팔매질과 폭행을 당하면서 시민과 싸우는 모습이 역사 속으로 사라지게 되어 다행입니다. 하지만 전의경 인력의 감축에 따른 경찰관 증원에 대해서 신속히 이루어져야 합니다. 전의경 제도가 없어지고 그 자리에 대체인력이 적절히 마련되지 않아 경찰관의 시린 이가 오래간다면 그 피해는 시민들에게 돌아갈 수 있기 때문입니다. 50여 년 경찰 역사의 한 페이지를 장식한 전의경 출신 동지 여러분 참 수고가 많았습니다. 선배 전경의 말이 생각납니다. "군은 사기를 먹고 살지만 전경은 군기를 먹고 산다"며 엄격한 군 생활을 자랑스러워하던 선배 전경이 있었기에 국가적으로 혼란기였던 80년대였지만 질서를 잘 유지하여 오늘의 발전된 대한민국이 있게 되었다고 생각됩니다. 썰렁 개그 한마디, '전의경이 없어지면 치한(癡漢)이 많아질 수 있다.' 대체인력을 시급히 마련해야 하겠습니다.

☞ 파출소에 전의경이 근무하던 시절, 치안본부에서 지시사항이 내려가면 지방경찰국 지시 ⇨ 경찰서 지시 ⇨ 파출소 ⇨ 전의경으로 하달되어 최종적으로 지시사항을 실시하는 경찰관은 전의경이라는 우스갯소리가 있었다. 직업경찰관들이 전의경들에게 공적, 사적 일을 거리낌 없이 시키던 그때 그 시절, 지금은 감히 상상조차 할 수 없다.

봄 그리기

길었던 침묵의 붓자루
나선으로 비틀어
캔버스 맨 아래쪽부터
유채색으로 슬며시 그려본다

얇아진 겨울시내 아래쪽
은빛소리 물감처럼 번져나가고
찌빠구리 한 마리
솜털 버들가지 슬렁슬렁 흔든다

시나브로 북풍한설 한자락이
감쪽빛 석양을 감싸 안은 채
머물던 기억 더듬어 보지만
희미하게 떠나가는 시간일 뿐이다

해마다 맞이하는 봄 그리기는
오래된 화가선생에게도
언제나 가슴 설레는 작업이다

30 칠신탄탄 漆身呑炭

　예양은 지백의 원수인 조 양자를 암살하기 위해 첫 번째는 궁중공사에 미장이로 끼어들어 조 양자가 변소에 들어가는 것을 보고 찔러 죽이려다가 실패하였다. 조 양자가 그 이유를 묻자 "지백은 나를 국사로 대접하였으니, 나도 국사로 보답하기 위함이다"며 대답했다. 조 양자는 그를 충신이라 여기고 훈방했다. 그러나 예양은 포기하지 않고 이번에는 몸에 옻칠을 하고(漆身) 숯을 삼켜(呑炭) 문둥이 벙어리처럼 하고는 걸식을 하면서 다리 밑에 숨어서 조 양자가 지나가기를 기다렸다. 그런데 조 양자가 탄 말이 다리에 못 미쳐서부터 움직이지 않고 버티자 그를 이상히 여겨 주변을 조사하는 바람에 발각되고 말았다. 조 양자는 이제 더 이상 용서할 수 없다며 죽이라고 명했다.

… 자객열전

'칠신탄탄(漆身呑炭)'이란 몸에 옻칠을 하고 숯을 삼킨다는 뜻으로
복수할 것을 잊지 않기 위해 제 몸을 괴롭힘을 비유하여 이르는 말임
(와신상담과 같은 의미로 볼 수 있음)

漆 : 옷 칠,   身 : 몸 신,   呑 : 삼킬 탄,   炭 : 숯 탄

구멍가게 할머니도 아는 그들만의 보안

옻은 위장에 좋다고 합니다. 닭백숙을 할 때 옻나무를 넣어 끓이
면 소화가 잘된다고 합니다. 그런데 체질에 따라 옻이 피부에 알레르
기 반응을 일으키는 경우가 있다고 합니다. 심할 경우 옻닭을 먹고 난
뒤 호흡곤란 현상이 생겨 위험하므로 조심해서 먹으라고 합니다. 옻으
로 가구에 칠을 하면 윤택이 나고 내구성이 뛰어나 옻칠한 가구는 고
급가구로 여겨진다고 합니다. 옻은 독성이 강한 물질인 것은 맞습니
다. 이런 독성이 강한 물질을 몸에 칠하고 그것도 모자라 숯을 목구멍
에 넣어 벙어리처럼 한 예양입니다. 복수를 위한 독한 마음을 읽을 수
있습니다. 그런데 독한 마음을 품기 위해 옻칠과 벙어리 흉내를 낸 예
양의 위장은 조 양자에게 쉽게 들통이나 위장술에 문제가 있는 것 같
습니다. 군사작전에서 각개병사는 주변 상황에 맞게 위장을 해야 합니
다. 얼굴을 위장용 크림으로 바르고 전투복과 전투모에 나뭇가지나 풀
로써 덮어씌웁니다. 숲속에 몸을 숨겨 적군으로 하여금 포착되지 않게

합니다. 지난 시절 논산훈련소에서 야간 침투훈련을 받은 적이 있습니다. 그때는 훈련병들이 짚을 태워 그 재를 물에 녹여 얼굴에 검은 칠을 했습니다. 요즘은 위장용 크림을 보급합니다. 풀을 태워 재를 바르지 않고 크림을 바르는 것을 보니 군용품은 국력을 보여주는 것 같습니다. 예양은 자신의 몸을 숨기기 위해 얼굴에 옻을 칠했으나 결국 다른 사람이 보기엔 눈에 확 뛰는 모습이었을 겁니다. 위장전술이 오히려 노출 전술이 된 격입니다.

경찰업무는 때로는 고도의 보안성을 요구합니다. 국가적인 기밀을 보호하기 위함입니다. 6·25 전쟁이 끝나고 남북 대치의 냉전이 심한 시절, 국가주요시설에 대해 보안을 유지하는 것이 경찰의 주요임무 중 하나였습니다. 지금도 시설물뿐 아니라 산업기밀 유출방지를 위한 보안활동을 하고 있습니다. 간첩으로부터 방첩을 하는 것은 주요한 경찰업무입니다. 보안의 생명은 알 사람만 알고 알지 않아야 할 사람은 알지 않아야 하는 것입니다. 그런 보안의식은 경찰관이라면 누구나 가지고 있다고 봅니다. 지나친 보안의식의 폐해도 많습니다. 경찰 내 불미스런 일이 발생하면 덮기에 급급하여 '보안유지 잘하라'는 말이 상투적으로 사용됩니다. 그러다 보니 사건이 왜곡되거나 과장되어 외부에 알려지는 부작용도 만만치 않았습니다. 경찰의 보안업무 중 그래도 제일 중요한 업무가 대통령 경호행사 업무입니다. 대통령의 동선은 사전에 노출되지 않아야 합니다. 아울러 공식행차로 하더라도 그 주변은 철저한 통제와 보안을 유지하여 위해로부터 국가 원수를 보호해야 하는 것이 경찰의 임무입니다. 그래서 대통령 행사장 주변은 취약지역을 중심으로 경찰관들이 사복을 착용하고 무전기를 이어폰에 꽂은 채 비노출 근무를 합니다. 사복도 현장 상황에 맞게 때로는 넥타이에 정장 차림을 하거나 편의복 착용을 하여 경호요원으로서 활동이 노출되지 않게 하거나 자연스러운 모습을 보이도록 합니다. 권위주의 시절의 경호는 상당히 위압적이었습니다. 주변을 온통 통제하였습니다. 그러면서 지금과 달리 당시에는 경찰관에게 무전기를 지급하면서 이어폰을 주지 않았습니다. 무전기 크기도 지금처럼 소형이 아니라 초기의 휴대용 전화기만큼 컸습니다. 비노출로 하라니 그것을 신문지에 둘둘 말아서 가지고 다녔습니다. 무전기음이 밖으로 다 들립니다. 누가 봐도 기관원의 모습입니다. 제가 근무했던 한 지역은 유난히 대통령의 행차가 많은 연도를 관할했습니다. 그 관할경찰서 경찰관의 경호업무는 거의 매주 주간행사처럼 했습니다. 배치지역도 연도를 관할하니 취약지역은 정해져 있습니다. 경호연도계획이 떨어지면 직원들은 평소 자신들의 지정근무지로 나가기만 하면 됩니다. 상당히 정형화된 업무지만 다른 경찰서와 달리 많은 경호업무로 직원들은 불만이 쌓였습니다. 잦은 경호동원에 피로감이 누적된 결과입니다. 경호업무가 떨어지면 통상 경호제대차량이 통과하기 전 배치지역에서 무전을 청취하고 대기합니다. 길거리에 마땅히 대기할 장소가 없으니 인근 구멍가게 같은 곳이 대기 장소가 됩니다. 대기 시간이 길어지면 잡담도 하면서 대기합니다. 매번 같은 장소에 나가니 연도 인근 구멍가게 할머니는 경찰관들이 행사를 준비하러 온 것을 무전기를 든 모습을 보고 압니다. 그런데 대기하며 잡담하는 경찰관들의 얘기를 대충은 알아듣는데 그 중 유독 '00근무'라는 말을 많이 하는데 그 뜻은 알 듯 모를 듯했습니다. "우리서는 00이 많아서 말이야", "00근무 좀 적은 경찰서로 다음 인사 때는 가야지 이거 원…", "00근무가 많은데 수당이라도 더 주든지." 등 경찰관들의 잡담내용 중 많이 하는 '00근무'가 무엇인지 궁금했지만 그들만의 대화에 끼어들기가 좀 그래서 차일피일하고 있었습니다. 그런데 어느 날 그 말의 뜻을 알게 되었습니다. 한가롭게 잡담으로 대기하던 경찰관들이 무전기에서 소리가 자주 나고 시끄러우니 황급히 뛰어나갔습니다. 그리고는 대로상에는 경광등이 반짝이는 사이드카와 검은 차량 행렬이 신속히 지나가는데 그게 나랏님 행차였습니다. 그래서 '아 ~, 00근무라는 것이 대통령행차에 대비하여 경비를 서는 것이구나!'라는 사실을 알게 되었습니다. 그리고 그다음 행사 날, 예외 없이 구멍가게에 들른 경찰관들에게 한마디 던졌습니다. "00근무 나왔어?" 이를 들은 경찰관들은 파안대소를 했습니다. 내부적인 암호를 할머니가 알고 사용하는 데 대해 어이가 없기도 하지만 할머니가 그 말을 사용하던 것이 우습기는 했던 모양입니다. 보안을 생명으로 해야 할 경호업무를 구멍가게 할머니도 알게 되었습니다. 이후에도 그 용어는 일상적으로 사용되는 음어지만 보안의식에 문제를 일으킨 일화라고 볼 수 있습니다.

인사보안이라는 말도 있습니다. 인사는 뚜껑이 열리기 전까지 가변적이라 발표 전까지는 보안을 지켜야 폐단이 없다고 합니다. 그런데 문제는 언론이나 외부에서 먼저 알고 확인해달라고 합니다. 내부적으로 엄청나게 보안을 강조했지만 이미 알 사람은 다 아는 경우가 허다합니다. 마치 예양이 옻칠한 모습을 하고도 몸을 숨긴 듯이 행동한 경우가 같다고 볼 수 있습니다. 보안을 잘 유지하기 위해서는 '칠신탄탄(漆身呑炭)'의 본래 의미처럼 몸에 옻칠을 하고 숯을 삼킨 듯이 고통스럽게 말조심, 몸조심해야 진정한 보안이 유지된다고 봅니다. 물론 경찰 등 보안기관보다 가장 확실히 보안을 하는 것은 전 국민이 보안요원이 되는 것입니다.

☞ '반공방첩', '무찌르자 공산당, 때려잡자 김일성'과 같은 표어가 도시와 농촌의 전봇대 군데군데 나붙어 전 국민이 방첩과 보안활동이 일상적이던 시절이 있었다. 이른 아침 산에서 내려오는 사람은 거동수상자로 신고되었고 신고를 잘하는 학생은 파출소에서 책받침과 공책을 받았다. 요즘으로 치면 아침 일찍 약수터 갔다 온 사람은 모두 이 범주에 들게 될 것이다.

31 토사구팽 兎死狗烹

    범려는 춘추시대 월나라가 패권을 차지할 수 있도록 월왕 구천을 보좌한 명신이었다. 구천은 가장 큰 공을 세운 범려와 문종을 각각 상장군과 승상으로 임명하였다. 그러나 범려는 구천을 믿을 수 없는 인물이라 판단하여 월나라를 탈출하였다. 제나라에 은거한 범려는 문종을 염려하여 "새 사냥이 끝나면 좋은 활도 감추어지고 교활한 토끼를 다 잡고 나면 사냥개를 삶아 먹는다(狡兎死 走狗烹)"라는 내용의 편지를 보내 피신하도록 충고하였다. 문종은 월나라를 떠나기를 주저하다가 구천에게 반역의 의심을 받은 끝에 자결하고 말았다.

… 월왕구천세가

'토사구팽(兎死狗烹)'이란 사냥에서 토끼를 잡으면 사냥하던 개는
쓸모가 없게 되어 삶아 먹는다는 뜻으로 필요할 때 요긴하게 써먹고
쓸모가 없어지면 가혹하게 버린다는 말임.

兎 : 토끼 토, 死 : 죽을 사, 狗 : 개 구, 烹 : 삶을 팽

경찰이 '팽(烹)'되면 피해는 누가 입을까?

'토사구팽'이란 말처럼 우리 사회에 잘 알려진 말도 드문 것 같습니
다. 웬만한 사람이면 그 의미를 잘 알고 있습니다. 한때 거물 정치인이
자신의 신세를 빗대어 한 말이 널리 알려진 계기가 된 것 같습니다. 비
정한 세태를 비유하는 말입니다. '팽(烹)'이라는 단어는 무서운 단어입니
다. 삶는다는 것입니다. 춘추전국시대에는 왕에게 반역을 한 사람을 가
마솥에 넣고 삶아서 죽이기도 하였습니다. 사람을 삶는 행위를 하였으
니 사람 목숨도 짐승의 그것과 다름없이 취급한 것입니다. 그 잔인함에
혀를 차게 됩니다. 사람이든 짐승이든 이용하고, 부려먹고 용도 폐기될
수 있지만 짐승은 굳이 죽이지 않고 재활용하던지 사람도 다른 곳으로
배치하면 될 일을 잔혹한 방법으로 폐기하는 경우가 있나 봅니다.

인간의 비정함은 현대사회라고 다를 바 없는 것 같습니다. 직장에서
정말 혼신의 힘으로 일을 하여 성과를 내고도 쫓겨나는 사람을 '팽'당
했다고 합니다. 이런저런 이유로 그 사람을 팽시켰을 수 있으나 승복

할 수 없는 '팽'을 당한 쪽에서는 복수의 씨앗이 자라게 됩니다. 우직하게 시키는 대로 일을 한 결과를 인정받지 못한 곳에서는 조직의 미래와 희망을 가질 수 없기에 '팽'문화는 사람을 적당히 안주하게 만드는 폐해를 만듭니다.

경찰조직은 충성조직이라는 말을 입에 달고 살았습니다. 내부적으로도 충성의 최후의 보루라며 그런 조직이 되어야 한다는 점을 공유하고 지내온 조직입니다. 그런데 그 충성의 대상이 (누구인지는 말하지 않지만) 대부분 집권자였습니다. 국가에 대한 충성이 아닌 개인 집권자에 대해 충성을 바치는 조직이 되곤 했습니다. 충성대상의 모호함과 정당성에도 불구하고 집권세력의 의도에 맞게 경찰력이 뒷받침하였습니다. 따라서 경찰 최고지휘관도 정권과 명운을 함께하는 경우가 대부분이었습니다. 경찰의 정치적 중립은 구두선에 불과하였습니다.

반정부 시위가 격해지면 격해질수록 집권세력은 경찰력에 의존하게 되었습니다. 국가적 혼란을 막는다는 대의명분 속에 감춰진 집권자와 경찰 최고지휘관의 암묵적인 교감은 시위현장에서 무분별한 과잉진압과 대규모 연행으로 치달았습니다. 경찰의 정권방어가 노골적으로 이루어진 것입니다. 사회가 민주화되었습니다. 권력의 시녀 노릇을 하는 경찰이 예쁘게 보일 리 없었기에 경찰개혁의 목소리가 높았습니다. 집권자 눈치를 보지 않는 중립적인 경찰이 되어야 했습니다. 결국 경찰 최고지휘관의 임기를 법적으로 보장하는 방안이 마련되었습니다. 인사청문회를 통해 충분한 검증까지 요구하게 되었습니다. 임기제 경찰청장제도가 도입된 것입니다. 2003년부터 2년 임기제가 도입되었습니다. 이후 여러 명의 경찰청장이 나왔지만 임기를 다 채운 청장은 화제가 될 정도로 극소수였습니다. 이런저런 이유로 법적 임기제를 채우지 못하고 스스로 물러나거나 물러나게 했습니다.

대규모 농민시위가 있었습니다. 보통 해마다 가을추곡이 끝나면 농민시위가 있었는데 농민시위는 노조, 학생시위와 달리 역사적으로 볼 때 농민시위는 잘 대처하지 못하면 그 시대 왕조가 흔들릴 정도로 상당히 예민한 시위입니다. 역대 정권은 노조시위, 학생시위 등 시위에 대해 잘 대처하는 경찰을 예뻐했습니다. 경찰이 권부로부터 인정받았습니다. 대규모 도심시위가 있으면 경찰지휘부는 초긴장 상태로 대비합니다. 예상시나리오를 챙기고 단계별 대응전략을 마련하는 등 기능 구분 없이 전 경찰력이 총동원되어 대비합니다. 농민시위는 한 해를 결산하는 시위입니다. 전체 운동역량을 결집시켜 하는 시위로 상징성이 있어 경찰은 더욱 긴장하게 됩니다. 현장은 늘 변수가 존재합니다. 특히 농민들은 고령자들이 많고 부녀자들도 있어 현장에서 물리적 마찰이 생길 경우 큰 불상사가 생깁니다. 어느 해 시위현장에서 고령 농민 두 사람이 경찰과 충돌과정에서 사망한 사건이 발생했습니다. 시위대와 방어하던 경찰이 충돌하면서 고령의 농민 두 사람이 뒤로 넘어져 뇌 손상을 입고 사망한 것입니다. 농민의 과격시위와 경찰의 과잉대응에 대한 양비론이 제기되었습니다. 야당과 일부 언론은 어김없이 경찰청장의 사퇴를 주장했습니다. 경찰청장은 임기제임을 내세워 물러서지 않고 불법 시위한 농민들에게 귀책사유가 있음을 항변했습니다. 사퇴요구와 불법시위에 대한 정당한 공권력 행사라는 양측의 주장이 팽팽히 맞서는 시간이 흘렀습니다. 현장 지휘관의 판단과 작전책임 범위를 넘어선 경찰청장의 정치적 책임을 앞세우는 것은 임기제 청장의 취지에 어긋나는 것이라고 판단하였습니다. 경찰관들로 청장의 사퇴는 법 집행력을 떨어뜨리는 것이라는 점을 내세우고 청장의 사퇴를 반대하는 분위기가 역력하였습니다. 해외에서 근무하던 저는 비슷한 상황에 대해 주재국에서는 어떻게 조치하는지 자료를 파악하여 본국에 보고하였습니다. 현장지휘관인 경찰서장 정도의 책임은 모르겠으나 경찰청장이 사퇴하는 것은 맞지 않다는 의견이 지배적이었습니다. 그런데 팽팽히 맞서던 양측의 주장이 어느 날 아침 경찰청장의 돌연 사퇴표명이 발표되었습니다. 많은 경찰관들이 경찰청장의 자발적인 의사라고 받아들이지 않았습니다. 모종의 싸인이 있었다는 점을 인식했습니다. 시위현장에서 사람이 사망했다는 사실은 어쩌면 어떤 이유로도 법집행기관의 항변을 받아들이기에는 국민정서법상 용인이 되지 않는다는 점은 한국적 온정주의 문화에서 당연한 귀결인 듯합니다. 하지만 법을 어기고 경찰관에게 죽창과 쇠파이프를 휘두르는 행위에 대한 정당성을 부여하는 결과를 초래하는 점은 누가 책임져야 하는지 생각해볼 일입니다. 경찰청장의 자발적인 용퇴라는 겉과 달리 토사구팽(兎死狗烹)된 듯한 비정함을 느끼게 되었습니다. 경찰을 사냥개의 수준에 머물게 하는 것은 경찰 탓인지 위정자들의 탓인지 분간이 잘 안 됩니다. 그런 분간을 못 하는 것을 막기 위해 임기제를 도입하였는데 결국은 임기제가 무색해졌습니다. 열심히 사냥한 개가 잘못한 것인지, 사냥이 끝났다고 개를 삶는 주인의 처사가 잘못된 것인지 생각해볼 일입니다. 짐승인 사냥개들조차 동료들이 죽임을 당하는 것을 보면 '적당히 눈치 보며 사냥하는 것이 낫겠다'는 잔머리를 굴릴 것 같습니다.

☞ "내 진퇴는 내가 결정한다"고 호언하던 O청장은 많은 구성원들의 성원을 받았으나 퇴임 후 안타깝게도 이런저런 정치적인 역경을 맞았다.

철들 때

10대에는 세상에 꽃이 있는 줄 몰랐고

20대에는 내가 세상에서 제일 아름다운 꽃인줄 알았다가

30대에는 화려한 장미꽃이 좋더니만

40대에는 강인한 야생화가 좋았다가

50대가 되니 아스팔트 바닥에 낀 잡초가 좋아진다

철드나 보다

32 과하지욕 胯下之辱

유방을 도와 천하를 통일한 한신은 회음 출신으로 어릴 적부터 집이 가난하였다. 덕행을 쌓지 못해 벼슬자리에 뽑히지도 못했고 장사꾼이 되어 돈을 벌어들이지도 못한 채 늘 남의 신세를 지며 생계를 이어갔다. 한신은 하양 남창의 정장에게 빌어먹은 적도 있었는데 정장의 아내는 그가 못마땅하여 새벽부터 일어나 준비해 식사를 일찍 끝내 버렸다. 아침 식사 때에 가도 그가 먹을 밥상이 차려져 있지 않자 한신은 그녀의 뜻을 알아차리고 그 집을 나왔다. 어느 날 한신이 성 아래에서 낚시하는데 옆에서 빨래하던 아낙이 그를 불쌍히 여겨 밥을 주었다. 그렇게 수십 일을 얻어먹고 나서 한신이 말하기를 "제가 후에 반드시 이 은혜를 두터이 갚겠습니다." 하자 이에 아낙이 화를 내며 "젊은 대장부가 제힘으로 먹고 살아가지도 못하니, 나는 그대가 불쌍해 밥을 차려준 것이오. 무슨 보답을 바라고 한 일이 아니란 말이오!" 라고 하였다. 회음의 한 백정이 "다 큰 성인 남자가 칼 차고 다니기나 좋아하고 겁만 많다니"라고 한신을 비난하며 많은 사람들 앞에서 한신을 망신 줄 요량으로 "죽음이 두렵지 않다면 그 검으로 나를 찌르시오, 하지만 죽음이 두렵다면 내 다리 밑으로 지나가시오"라고 하였다.

한신은 그 백정을 한참 보다가 몸을 구부려 그의 바짓가랑이 밑으로 기어 지나갔다. 이 모습을 본 사람들은 모두 한신을 비웃으며 그를 못난 겁쟁이라고 놀렸다.

··· 회음후열전

'과하지욕(跨下之辱)'이란 다리 사이로 욕되게 한다는 뜻으로 마음에 큰 뜻을 품은 사람은 작은 부끄러움을 감수한다는 말임.

跨 : 사타구니 과, 下 : 아래 하, 之 : 갈 지, 辱 : 수치 욕

마지막 남은 자존심! 버릴 것인가? 지킬 것인가?

한때 '아·더·매·치·유'라는 말이 유행하였습니다. 아니꼽고 더럽고 매스껍고 치사하고 유치하다는 말을 줄인 말입니다. 직장생활을 하면서 상사와의 관계가 힘들 때, 참지 못할 상황을 접할 때 현실에 안주하는 자기 위안의 말, 즉 '아니꼽고 더럽고 매스껍고 치사하고 유치하지만 내가 참는다.'라며 상사를 안주 삼아 소주잔 들이키며 하던 말입니다. 직장생활뿐 아니라 여러 가지가 자신이 잘 받아들여지지 않는 상황에 대해 그런 말을 쓰곤 했습니다. 한편으로 상사에게 '들이받아 이익 없고 아부하여 손해 없다'는 말로 현실타협적인 태도만이 살아남

는 일이라며 생존방법을 설파하던 사람들로 있었습니다. 요즘은 들이받는 사람이 득세하는 세상이 된 것 같습니다. 기존 질서에 순응하기보단 부당함을 온몸으로 저항하던 사람들이 득세한 것입니다.

진보와 보수의 이념논쟁도 결국 진보적인 사람이 보수에게 잘 들이받았던 사람들의 논쟁입니다. 당시 현실은 참 힘들었을 겁니다. 조직에서 쫓겨나거나 징계를 받고 좌천되었습니다. 정치적으로 들이받은 사람은 감옥을 들락날락하며 민주투사로 맷집을 키웠습니다. 민간항공사의 지존 같은 오너에게 감히 대항한 직원이 눈길을 끈 뉴스의 주인공이 되었습니다. 어떤 부처는 나쁜 사람으로 낙인찍힌 사람이 다시 부처의 핵심수장으로 화려하게 컴백했습니다. 사람에 충성하지 않는다던 사람은 국가에 충성하라는 의미로 더 큰 벼슬을 받았습니다. 서슬 퍼렇던 군부정권에 들이받고 숨어 지내던 사람들이 국가 경영의 최일선에 포진하게 되었습니다. 유교 문화 DNA와 산업화의 '돌격 앞으로' 사회는 현실에 순응하고 말 잘 듣는 모범생이 대접받았던 시절이었습니다. 어떤 사람은 이를 순치된 사람이라고 명명했습니다. 기득권에 안주하여 빌붙어 살아가는 기생충 같은 존재로 여겨지고 있습니다. 뭐가 옳은 일이었는지 판단이 흐려집니다.

경찰지휘부에 반기를 든 사람이 있었습니다. 각종 현안에서 경찰처사의 비굴함이나 부당한 조치에 이의를 공개적으로 제기했습니다. 내부적으로 일부 구성원들의 암묵적인 지지를 받았습니다. 하지만 상명하복의 엄격한 조직문화에서 감히 그런 행동을 하는 경찰관을 공개적으로 지지할 수 없는 분위기였습니다. 반기를 든 경찰관은 내부질서 문란행위자로 지목되어 엄한 징계처분을 받았습니다. 그리고 지난한 불복절차를 거쳐 다시 조직으로 복귀하였습니다. 이후 계속된 반골 기질을 지휘부는 못마땅해 했습니다. 주요 현안이 있을 때마다 귀에 거슬리는 말을 들어야 했습니다. 암묵적으로 동조하는 구성원이 늘어 갔습니다. 민주화되면서 경찰내부 분위기도 많이 바뀌게 되었습니다. 내부게시판을 통해 자유롭게 의견을 나타낼 수 있습니다. 지휘부도 이들 의견에 눈길을 주고 고심을 하게 되었습니다. 조직에 순응하고 기존의 질서에 묵묵히 따르는 순치된 경찰관이 들어설 자리가 좁혀지고 있습니다. 자신의 입신양명을 위해 부당함을 외면하거나 수용한 사람으로 분류되게 되었습니다. 이들이 좀 더 큰 뜻을 품고 비록 현실의 부족함을 묵묵히 받아들이며 해낸 성과마저 한꺼번에 매도당하는 것은 아닌지 모르겠습니다. 백정의 치욕스런 요구를 묵묵히 받아들이며 다음을 기약한 한신과 같은 마음일 수도 있는데 말입니다.

저는 30대 때까지 상사에게 들이받는 사람으로 낙인 찍혔던 적이 있습니다. 초임 시절 겪었던 일화입니다. 수능시험일 공무원 출근시간이 10시로 미뤄져 느긋하게 10시가 다 되어 출근했는데 사무실이 난리가 났습니다. 제가 처리해야 할 일이 늦어지고 있었던 것입니다. 저를 찾던 상사에게 직원들이 직접 닦달을 당하고 있었습니다. 느긋하게 아침 인사까지 곁들이며 사무실을 들어서는 저에게 상사는 벌겋게 단 얼굴로 저를 포함한 저의 반원들 전원을 자신의 방으로 호출하였습니다. 사태를 제대로 알지 못한 상태의 저에게 다짜고짜로 "지금이 몇 시야? 박 반장 제대로 된 사람이야 뭐야?"라고 사무실이 떠나갈 정도로 고함을 쳤습니다. 사무실엔 저를 제외한 대부분의 사람들이 출근해서 근무하고 있었던 것입니다. '오늘 공무원들 출근시간이 10시인데 뭐가 잘못된 거지'하는 생각과 아침부터 반원들 앞에서 앞뒤 설명도 없이 역정을 내는 상사가 도저히 이해되지 않은 상황이었습니다. 직장생활의 짬밥을 어느 정도 채운 사람이라면 그 상태에서는 상사에게 무조건 "아이구 계장님, 죄송합니다. 조심하겠습니다. 제가 미처 챙기지 못했습니다." 등등 사태를 모면하기 위해 고개를 조아리고 갖은 저자세를 취했을 겁니다. '똥이 무서워서 피하냐? 더러워서 피하지…'라는 자기합리화까지 하면서 말입니다. 하지만 수능 시험일은 교통정체나 자녀들의 입시행사를 위한 국가적 조치인 공무원 출근시간 연장을 적극적으로 준수한 사람을 게으른 사람으로 취급하는 상사의 역성이 도저히 납득되지 않았습니다. 그래서 즉각 들이받기 시작했습니다.

"아니 계장님! 오늘 공무원 10시 출근은 정부방침입니다. 제가 뭐가 잘못되었습니까?"

지금으로부터 30년 전의 얘기입니다. 권위주의가 사회 곳곳에서 퍼져있던 시절입니다. 특히 상명하복의 조직인 경찰조직에서 어린 부하가 상사에게 들이받는 모습을 본 나이 많은 반원들의 얼굴은 파랗게 질리는 듯했습니다. 더욱이 상사는 예상치 못한 저의 반격에 엄청난 충격을 받은 듯 잠시 어안이 벙벙한 듯 말을 잊지 못하고

"박 반장! 자네가 학부모인가?"

흥분과 불쾌감을 감추지 못한 톤의 질문을 쏟아냈습니다. 저는 즉각 반격하여

"아니 학부모는 아닌데 공무원들이 출근을 늦추는데 동참하면 학부모들의 차량이용이나 교통이 덜 체증될 수 있으니 학부모가 아니더라도 출근시간 연장에 동참하는 것 아니겠습니까?"

구구절절 맞는 얘기라는 듯이 즉각적으로 반박하는 저를 보던 계장은 기가 찬다는 듯 더 이상 이야기할 상대가 아니라고 생각했는지 갑자기,

"전부 나갓!!!"

하고 고함을 치더니 의자를 돌려 획 돌려 앉았습니다. 순간 찬물에 얼음까지 끼얹은 냉기가 감돌아 반원들은 어쩔 줄 몰라 하며 어정쩡히 서 있는 데 저는 그런 계장의 처사에 더 화를 내며

"나가라면 나가죠!"

하고 계장이 의자를 돌리는 속도보다 더 빨리 계장 방을 뛰쳐나왔습니다. 나이 많은 반원(초임 시절 반원들은 전부 나보다 나이가 많았다)들은 혹시라도 튈지 모를 불똥을 걱정하며 각자 제자리로 돌아와 눈치를 살피는 것이었습니다. 담배를 한 대 물고 내가 뭘 잘못했기에 직원들 앞에서 그렇게 당해야 하는지 분한 마음에 '이거 때려치워야 하나?', '경찰간부로 청운의 푸른 꿈을 꾸고 들어왔는데 비합리적이고 비인격적인 상사가 나의 앞길을 막는구나' 등등 온통 내 위주의 생각이 머리에 맴돌아 담배연기를 허공으로 뻑뻑 뿜어내고 있는데 반원 중 가장

나이가 많은 큰 삼촌뻘 되는 고참 반원이 슬쩍 다가와서는

"반장님! 오늘 출근시간이 늦은 건 틀리지 않았는데 계장님께 그렇게 대드는 건 상사 이전에 나이 많은 분에 대한 태도로는 정답이 아닌 것 같으니 계장께 가셔서 사과하시고 분위기를 푸십시오. 저를 포함한 반원들은 괜히 반장과 계장의 불화로 근무 분위기가 나빠지면 힘들게 됩니다. 그러니 못 이긴 척하고 가셔서 사과의 말씀을 올리십시오."

라고 저에게 내용보단 방법의 잘못을 알려주었습니다. 순간 나보다 나이가 한참 많은 큰 삼촌뻘 되는 상사에게 내가 무슨 짓을 했지 하는 생각이 드니 책상 밑이라도 들어가고 싶은 심정이 되었습니다. 직원들은 나이 어린 상사인 저의 당돌함과 미숙함을 속으로 얼마나 욕하고 있을까 생각하니 부끄럽기 짝이 없었습니다. 이후 사과와 회식으로 서로의 감정 관리는 끝났습니다. 돌이켜 생각하면 저의 치기 어린 행동이 낳은 부끄러운 흑역사였습니다. 대의명분에 맞는다고 저지른 일이라며 거창하게 자기합리화였지만 알고 보면 상당히 감정적인 대응이었습니다. 얻는 것보다 잃은 게 많았던 것입니다. 한동안 '상사에게 들이받는 못된 놈'으로 찍혀 지냈던 것 같습니다. 나이가 들고 조직생활을 해가면서 그런 패기(?)조차 없이 입신양명을 위해 부당한 처사를 받아들이며 순치된 사람으로 변질된 것이 아니었나 하는 자조의 심정이 있었습니다. 하지만 제가 만약 들이받는 일로 일관했다면 거창한 투사의 이미지는 남았겠지만 관리자의 위치에 올라 조직을 더 높은 곳에서 바라보며 기여할 수 없었을 것이라며 자위합니다.

천하 패업을 이룬 한신에 비하면 굴욕감이나 그를 통한 성취결과는

보잘것없는 것이지만 당시 나이 많은 반원이 일러준 '내용은 맞는데 수단은 틀린 것 같다'는 말의 교훈을 얻었습니다. 약간의 상처는 입었지만 그것을 조직생활의 한 잣대를 삼은 것은 큰 소득이었던 일이었습니다.

☞ 그 상사는 나중에 다른 조직의 2인자까지 올랐다. 이후 나와 마주치면 그때 일이 떠오르는지 '씨익 웃음'을 보내곤 했다. 그 미소의 진정한 의미를 잘 모르고 지냈다. 속으로 '니가 높은 사람한테 들이받고 잘 되겠나?'하는 의미로 자꾸 읽혔었다.

33 국사무쌍 國士無雙

　한신이 항우 밑에서 도망쳐 유방을 찾아 한나라로 들어가 하후영에게 인정을 받고 치속도위(농업과 염철을 관리하는 벼슬)에 임명되었는데, 이때 승상인 소하를 알게 되었다. 소하는 유방에게 한신을 여러 번 추천하였으나 유방은 한신을 중용하지 않았다. 유방이 항우에게 밀려 후퇴하게 되자 장수와 군대들이 실망하여 속속들이 빠져나갔다. 한신도 희망을 잃고 그들의 뒤를 따랐다. 이 말을 전해 들은 소하는 한신의 뒤를 쫓아갔다. 소하까지 도망쳤다는 말에 유방은 낙심하고 있는데 소하가 한신을 데리고 돌아오자 반가우면서도 한편으로는 괘씸하여 어째서 도망을 갔느냐고 물었다. 그러자 소하는 "도망친 것이 아니오라 도망간 사람을 붙들러 갔다 왔습니다."라며 한신을 가리켰다. 왕은 의아하여 많은 장수가 도망을 가도 뒤쫓지 않았는데 하필이면 한신을 데려왔느냐고 묻자, 소하는 "장수는 얼마든지 보충할 수 있지만 한신만은 국사로서 둘도 없는 사람(國士無雙)입니다."라고 하며 그를 천거하였다. 이리하여 한신은 대장군이 되었고 항우를 무찔러 천하통일의 위업을 달성하였다.

… 회음후열전

'국사무쌍(國士無雙)'이란 나라의 훌륭한 선비,

곧 나라에서 둘도 없는 뛰어난 인물을 말함.

國 : 나라 국, 士 : 선비 사, 無 : 없을 무, 雙 : 짝 쌍

미래를 준비하는 국사무쌍 경찰관

'인사가 만사다', '몸은 빌릴 수 없으나 머리는 빌릴 수 있다'라는 말은 YS대통령이 한때 했던 말로 잘 알려져 있습니다. 인재의 중요성과 중용을 빗댄 말입니다. 인재를 중용하고 양성하는 국가와 조직은 언제나 발전하고 미래가 있습니다. 국내 굴지의 대기업들로 초창기부터 인재의 중요성을 간파하고 인재양성에 노력해 왔던 것 같습니다. CEO의 성패는 자신이 주도적으로 일하는 것보다는 인재를 발굴하여 적재적소에 배치하고 이들로 하여금 신바람 나게 일할 분위기를 만들어 주는 것이라고 생각합니다. 즉 인재관리가 관건입니다. 인재는 시대에 따라 다양한 형태였습니다. 춘추전국시대에는 유세객들이 인재로 여겨졌습니다. 세계대전을 치르면서는 장군들이 인재의 역할을 했습니다. 컴퓨터 시대가 열리면서 기술인재들이 사회를 이끌고 가고 있습니다. 어느 시대든 인재는 미래를 읽고 준비하던 사람들이었던 것 같습니다.

4차 산업혁명시대가 도래하면서 새로운 인재상이 필요해졌습니다.

미래를 준비하는 조직은 서둘러 인공지능, 로봇, 블록체인과 같은 개념의 인재양성에 서둘러야 살아남을 것 같습니다. 그동안 부존자원이 빈약한 우리나라는 인재양성에 심혈을 기울인 결과 현재까지 잘 버텨오고 선진국 대열에 들어선 것 같습니다. 유방도 사람을 보는 눈이 없었으나 사심 없이 천거한 소하의 혜안을 받아들인 결단으로 천하통일의 위업을 달성했습니다. 결국 인재를 발굴하고 이를 받아들인 CEO 유방이 내린 결단의 결과물인 것 같습니다. 미래엔 어떤 인재가 필요하니 양성해야 한다는 식견에 대해 결정권자의 과감한 결단이 필요하다고 봅니다.

경찰에도 미래를 읽고 준비한 인재가 많았습니다. 하지만 경직된 인사제도로 인재가 더 이상 조직에서 성장하지 못하고 조직을 떠난 안타까운 일이 비일비재한 것 같습니다. 80년대 초 경찰대학이 설립되었습니다. 당시 시대변화를 재빨리 예견한 관리자가 있었습니다. 교수부장이던 J경무관은 앞으로 대세는 외국어다, 특히 제2외국어 교육을 강화하여 경찰간부들을 글로벌 리더로 양성해야 한다고 역설하며 주로 일어, 독어, 불어에 편중된 당시의 제2외국어 교육에 중국어, 러시아어, 스페인어, 아랍어 등 경찰관에게 생소한 제2외국어를 교육시켰습니다. 중국과 러시아는 국교가 없었고 대다수 국민들이 해외여행이 제한되던 시절에 불필요한 교육이 아니냐며 이런저런 불평과 불만이 있었지만 강행하였습니다. 미래에는 경찰의 영역이 해외로 뻗어나감은 물론 국가 간 교류가 활발하면 치안의 국제화는 불가피하므로 준비해야 한다는 소신이었습니다. 모든 경찰대학생은 필수적으로 제2외국어를 일정수준 구사하여야 졸업할 수 있도록 했습니다. 결과는 대박입니다. 88

올림픽이 있었습니다. 경찰대학생들이 대거 통역자원봉사요원으로 투입되었습니다. 중국은 물론 올림픽 이후 북방외교정책 기조에 따라 러시아와 국교가 맺어졌습니다. 사우디아라비아 등 제한적이었던 중동 국가와의 교류도 활발히 이루어졌습니다. 여행자유화 조치로 이들 나라에 교민의 증가는 물론 많은 한국인들이 방문하면서 안전문제도 뒤따르게 되었습니다. 경찰주재관 배치의 필요성이 제기되었습니다. 많은 경찰대학 출신들이 경찰주재관으로 배치되었습니다. 지금은 외사특채를 통해 외국어 구사 경찰관을 많이 충원하고 있지만 초창기에는 경찰대학 졸업자들로 대부분 채워졌습니다. 미래를 읽는 혜안이 돋보이는 대목입니다. 하지만 이런 양질의 인재를 제대로 성장시키지 못해 조직을 떠나게 되는 안타까운 일이 일어나곤 했습니다. 장기간 외국 근무가 승진에 제한을 받아 계급 정년으로 조직을 떠나게 된 경우가 많았습니다. 일부는 외교부 등 타 부처로 전직하였습니다. 이들은 전직한 곳에서 마음껏 기량을 발휘하여 대사 등 해외공관장이 되어 근무하거나 주요 보직에서 활약하고 있습니다. 관련 부처에서는 쉽게 인적 자원을 확보한 경우에 해당됩니다. 안타까운 일화가 있습니다.

■ 러시아어를 자유자재로 구사하던 M경위

80년대 초반 러시아와 국교가 없던 시절, 러시아어를 구사할 수 있는 자원은 극히 소수였던 시절입니다. 국가적으로도 정보기관이나 군기관에서 통역장교 정도가 있을 정도였고 경찰도 마찬가지로 유창하게 러시아어를 구사할 자원이 없었습니다. M경위는 경찰대학 재학시절 러시아어에 두각을 나타내어 졸업과 동시에 대학원으로 진학하여 러시아어를 전공하였습니다. 88올림픽을 기회로 국내 굴지의 대기업은 러시아에 진출코자 러시아어를 잘하는 사람을 스카웃하고 있었습니다. M경위에게도 거액의 스카웃 제의가 있었습니다. 하지만 M경위는 단호히 거절했습니다. 자신은 경찰대학을 졸업한 경찰관으로서 국가를 위해 일하려는 꿈이 있다는 취지였습니다. 노태우 대통령의 북방외교 일환으로 러시아 방문이 잡혔습니다. 경호실에서 선발대로 가야 했으나 러시아어를 하는 경호요원이 없어 경호기관인 경찰에 협조 요청하여 M경위는 경호선발대로 차출되었습니다. 성공적인 임무수행의 뿌듯함은 오래가지 못했습니다. 대학원 졸업 후 M경위는 경찰청 외사국으로 발령될 것으로 기대했으나 초임간부 순환보직 지침에 따라 시골의 파출소장으로 발령되었습니다. 개인적인 꿈의 좌절 이전에 인적자원에 대한 관리를 지나치게 경직되게 운용한 행정의 결과였습니다. 결국 M경위는 좌절감을 이기지 못하고 조직을 떠났습니다. 조직으로서는 당시 러시아와 국교를 앞두고 외교전이 치열했던 상황을 감안하면 큰 손실이 아닐 수 없습니다. 인재는 키워야 인재라는 사실을 간과한 처사로밖에 볼 수 없습니다. 이후 비슷한 경우가 많았습니다. 외국어를 잘하던 우수한 경찰관들이 조직을 떠나 타 부처나 민간부분으로 떠났습니다. 계급정년이나 승진제한에 따른 불가피한 선택이었던 것 같습니다.

■ 또 다른 사례 Y총경

80년대 초 아직 컴퓨터가 대부분의 사람들에게 전자계산기 정도로 인식되던 시절, 그는 프로그래밍에 관심을 가지고 독학으로 컴퓨터를 연구하였습니다. 이후 컴퓨터 시대가 도래되면서 컴퓨터 범죄가 기성을 부리기 시작했습니다. 경찰도 서둘러 컴퓨터범죄 수사 부서를 만들기 시작했습니다. 오랫동안 미래를 준비하던 당시 초급간부였던 Y총경의 꿈이 실현되는 순간이었습니다. 조직을 위한 야심 찬 계획과 장밋빛 미래의 청사진은 사이버범죄 세상이 오면서 꽃을 피우는가 했습니다. 그동안 Y총경는 그 분야에서는 독보적인 사람으로 존재감을 키우며 경위부터 착실히 총경까지 승진을 거듭하였습니다. 경찰의 사이버범죄수사 분야의 초석을 다진 공로입니다. 경찰의 사이버범죄 수사 분야는 초창기 이들의 노력으로 다른 국가수사기관보다 앞서 갔으며 지금은 FBI에서 수사 의뢰를 할 정도로 성장하여 세계적 수준으로 인정받고 있습니다. 사이버치안의 수장으로 당연히 Y총경이 경무관으로 승진하면 더욱 발전할 것은 명약관화한 일입니다. 하지만 서울시내 서장을 경험하지 않은 사람은 경무관으로 승진불가하다는 인사제도가 걸림돌이 되어 Y총경은 더 이상 성장하지 못하고 조직을 떠났습니다. 참 안타까운 일입니다. 전문가의 시대에 전문가를 도외시한 인사제도가 제대로 된 인사제도인지 반문해보지 않을 수 없습니다. 퇴직 후 대기업에서 사이버 보안 CEO영입 제의를 거절하고 자신의 기량을 국가를 위해 사용하겠다며 경찰산하단체에 재취업한 Y총경의 충심마저 듣고 보니 마음이 짠해 올 뿐입니다. 미래 인재를 양성하지 않는 조직의 미래는 불투명할 수밖에 없지 않을까 생각됩니다.

■ 5~6년 전부터 드론에 미쳐있는 L경정

그저 장난감 무선 비행기 놀이에 빠진 친구로 여겨졌습니다. 드론이라는 용어조차 대부분 사람들에게 생소하던 시절입니다. 자비로 연구하고 해외 시찰을 다니며 드론을 연구했습니다. 드론은 미래에 중요한 치안 장비가 될 것을 확신했습니다. 이런저런 냉소가 있었지만 자신의 신념을 내려놓지 않았습니다. 드디어 드론 치안시대가 도래했습니다. 실종자 수색, 마라톤 경비, 예방순찰 등 드론으로 활동하는 치안분야가 확대되고 있습니다. 경찰청에서는 허겁지겁 L경정에게 자문을 구하고 부산을 떨고 있습니다. 전국적으로 경찰관 드론 동호회도 결성되어 활동하고 있어 명실상부한 드론의 치안장비화가 진행되고 있습니다. 남이 알아주든 알아주지 않든 묵묵히 미래를 준비한 경찰관들 덕분입니다. 그런데 안타까운 것은 그 L경정마저도 머지않은 시간에 조직을 떠나게 될지 모른다고 합니다. 계급정년의 장벽을 넘지 못할 경우입니다. 드론이라는 공적 하나만으로는 승진되지 않는 승진제도 때문입니다. 일반적인 승진기준이나 평가로는 불가합니다.

미래를 준비한 인재는 분명 국사무쌍의 소중한 자원입니다. 이들이 민간부분으로 빠져나가는 일이 없도록 인사제도에 대한 검토가 절실합니다. 관리자는 인재를 잘 파악하고 성장시켜야 할 책무가 있습니다. 해킹수사의 대가, 실종자 찾기의 귀재 등 일반 경찰관과 달리 독보적인 영역을 개척한 경찰관들이 군데군데 자리하며 묵묵히 자신의 뜻을 키워나가고 있습니다. 이들을 자칫 경직된 인사제도로 잃지 않도록 해야겠습니다. 경인무쌍(警人無雙)의 인재를 보호하고 육성하는 길이 경찰의 미래를 준비하는 지름길입니다.

☞ 고문기술자가 있다는 오명을 가진 아픈 경찰역사. 경찰의 미래는 드론 치안 등 4차산업 치안 테크니션들이 인정받는 조직이 되었으면 한다.

새벽 별

별아!
어둠이 짙을수록 밝아지는 널
희미하다고 타박한 날
용서하렴

넌,
밤이슬 흠뻑 젖고도
꺼지지 않는 가로등이었는데 말이야

34 필부지용 匹夫之勇, 부인지인 婦人之仁

　유방은 한신을 대장군에 임명하고 한신을 불러 묻기를 "승상이 자주 그대의 얘기를 했소. 그대는 과인에게 무슨 가르침을 주겠소?" 하자 한신은 유방에게 항우의 아래에 있어 그를 좀 안다고 하며 "그가 노기를 띠고 큰소리로 말하면 천 사람이라도 모두 엎드릴 정도지만 그는 재능이 있는 장수를 기용하지 못합니다. 따라서 이는 다만 필부의 용기에 불과합니다(匹夫之勇). 평소 항왕이 사람을 대하는 태도는 겸손하며 자애로우며 부드럽습니다. 말투가 부드럽고 어느 사람이 병이 나게 되면 눈물을 흘리며 음식을 나눠줄 정도입니다. 그러나 부하가 공을 이루어 상과 벼슬을 내려야 할 때가 되며 항상 머뭇거립니다. 따라서 이는 다만 아낙네의 인정(婦人之仁)에 불과할 뿐입니다. 대왕께서는 그와 정반대로 하면 천하에 누가 당할 자가 있겠습니까?"라며 항우의 됨됨이와 그를 척결할 계책을 말하였다. 유방은 한신의 말에 대단히 기뻐하며 한신과 너무 늦게 만나게 된 것을 한탄하며 한신의 계책을 받아들였다.

… 회음후열전

'필부지용(匹夫之勇)'이란 한낱 지아비의 용맹에 불과할 뿐이라며

대의를 위한 진정한 용기가 아님을 말하며 부인지인(婦人之仁)이란

인정을 베풀지만 아녀자 수준의 인정으로 큰 감동을 주지는 못한다는 말임.

匹 : 짝 필, 夫 : 지아비 부, 之 : 갈 지, 勇 : 날 샐 용

婦 : 아내 부, 人 : 사람 인, 之 : 갈 지, 仁 : 어질 인

뒤통수에 군말을 투척하지 말라!

조직의 리더는 '큰 그림을 그릴 줄 알아야 한다'고 합니다. '선이 굵은 사람'이라는 소리를 들으면 왠지 우쭐한 마음이 듭니다. '좁쌀대감'이니 '쪼잔하다'는 말을 듣게 되면 기분이 상하는 게 보통입니다. 그런데 선이 굵다는 사람이 덜렁거리며 업무를 세세히 챙기지 못한다는 평가를 받을 때도 많습니다. 꼼꼼하게 차분하게 일을 하는 사람이 성과는 잘 내는 것으로 나타납니다. 그럼에도 아랫사람들은 대범하고 통 큰 상사가 좋다고 합니다. 그러나 겉은 통이 큰 듯해도 실리적인 면을 놓친 상사는 별로인 것 같습니다. 항우와 같은 리더십입니다. 항우가 해하성 전투에서 패하고 권토중래하여 훗날을 도모하였더라면 얼마든지 패권을 잡을 수 있었음에도 불구하고 한낱 지아비의 용기에 휘둘려 분노를 참지 못하고 어리석게 자신의 목숨을 버렸습니다. 그야말로 '무자감(무모한 자신감과 용감함)'입니다. 유방은 뭔가 부족하고 쪼잔한 리더

인 듯했지만 자신이 잘못했다고 생각하면 곧바로 수긍하고 개선하기 위해 노력하는 도량을 가졌습니다. 괜히 통 큰 듯이 놀다가 실리를 잃은 경우보다는 실질적인 용기와 인정을 보인 것이라고 볼 수 있습니다.

경찰업무는 참으로 빡빡하게 돌아갑니다. 한 명의 결원이 생기면 내근부서든 외근부서든 업무 공백이 크게 느껴지고 대신해줄 인원의 업무 부담이 만만하지 않습니다. 그래서 휴가나 기본교육을 가는 것은 늘 심적 부담을 가지게 됩니다. 지금은 휴가도 당당하게 자기가 필요한 때 가는 것으로 많이 개선되었지만 그래도 휴가를 가면 업무대행자를 지정하고 대행자에게 잘 부탁한다는 심정적 동조를 받아야 합니다. 한때는 휴가나 기본교육을 받으러 가기 전에는 상사에게 대면보고를 했습니다(문자로, 비대면 보고로 바뀐 지 오래되었다). 휴가출발이나 교육 입교 신고는 늘 조마조마하였고 한 손은 뒷머리로 올라가게 하였습니다. 송구한 마음의 표현입니다.

"저~ 00님 다음 주부터 휴가…."
"저~ 00님 다음 주부터 기본교육…."

뒷머리를 긁적이며 말을 끝맺지 못하고 엉거주춤한 자세로 상사 앞에 서는 것은 부담스러운 일 자체였습니다. 휴가는 보장된 노동 권리인데 경찰이 휴가를 편하게 간다는 것은 용납되지 않던 시절이었습니다. 기본교육을 받아야 다음 승진을 위해 고과를 받을 수 있는 것입니다. 당연히 누릴 권리이고 절차였습니다. 그럼에도 분위기 파악을 못하고 휴가를 간다거나 기본교육을 이수하겠다며 야무진 신고를 하는 것을 받아들이지 못하는 직장 분위기였습니다. 보고 순간만 모면하면 된다는 생각과 차라리 가지 말자는 생각이 교차하지만 가족들과의 약속이나 승진계획 등을 생각하면 비굴하더라도 참자며 감행합니다. 상사에 따라 휴가나 기본교육을 흔쾌히 승인하는 경우도 있었지만 대부분 한마디씩 던집니다.

"휴가? 휴가(교육) 가도 되겠어? 누가 대체해주나?"
"비상연락망 잘 유지하고 급한 일 있으면 나오겠습니다."

머리가 지끈거리는 대답을 하고 장시간의 긴장상태가 유지됩니다. 그냥 시원하게 '잘 갔다 와', '사무실 일은 잊고 가족들과 모처럼 휴식 좀 하고 오게' 등등 좋은 말이 많을 터인데 굳이 군말을 투척합니다. 이왕에 보낼 줄 일을 꼭 면전이나 뒤통수에 대고 한마디 투척하여 기분을 잡치게 하거나 교육 발걸음을 무겁게 하는 상사가 많았습니다. 다짐에 다짐을 거듭했습니다. 다음에 내가 관리자가 되면 직원의 휴가권과 교육권은 시원하게 보장하겠다고. 세월이 흘러 관리자의 위치에 앉게 되었습니다.

'서장님! 다음 주부터 하계휴가입니다. 잘 다녀오겠습니다. −00계장'

문자보고를 받았습니다.

'네, 모처럼의 시간 가족과 즐거운 시간 보내십시오. 잘 다녀오십시오. −서장'

문자로 답신했습니다. 표면적으로는 휴가나 교육출장에 대한 토를 다는 행태는 없어졌습니다. 지난날 부하직원의 뒤통수에 군말을 투척하던 리더일수록 대범한 척한 것이 기억납니다. 업무를 잘 챙기는 상사인 척했습니다. 그런 리더일수록 필부지용(匹夫之勇)이나 부인지인(婦人之仁)에 불과한 행동을 많이 했습니다. 책임지고 해야 하는 중요한 의사결정에는 우물쭈물하거나 공은 나에게 벌은 부하에게 내린 엄한 신상필벌(?) 방침으로 조직의 상하 간 불신감이 팽배했던 시절이었던 것 같습니다. 관리자가 된 이후 저 역시 그런 오류를 범했던 경험이 적지 않았던 것 같아서 후회하게 됩니다(못된 시어머니 밑에서 시집살이한 며느리가 다시 반복하여 시어머니 노릇을 하였던 것 같습니다).

35 지자천려 필유일실, 우자천려 필유일득

智者千慮 必有一失, 愚者千慮 必有一得

한신은 조나라 군대를 대파하였으나 적장 광무군 이좌거를 죽이지
말고 생포하라는 명령을 내리고 광무군을 잡는 자에게는 천금의 상금
을 내리겠다고 선포하였다. 광무군은 생포되어 포로가 되었으나 한신
은 그의 포승을 풀어주고 예를 갖추어 "제가 지금 북쪽으로 연나라
를 공격하고 동쪽으로는 제나라를 공격하고자 준비하고 있는데 어찌
해야 성공할 수 있겠습니까?" 물었다. 광무군은 "패장은 용감한 작전
에 대해 말할 자격이 없고 나라가 망한 대부는 국가 생존을 논한 자격
이 없다고 들었습니다. 나는 지금 전쟁에 지고 나라가 망한 일개 포로
일 뿐입니다. 어찌 당신과 함께 대사를 논할 수 있겠습니까?"라며 거
듭 사양하였으나 한신의 설득에 다음과 같이 답하였다. "옛말에 '지혜
로운 사람도 천 번 생각에 한 번의 실수가 있을 수 있고(智者千慮, 必有
一失) 어리석은 사람도 천 번 생각하여 한 번은 맞힐 수 있다(愚者千慮,
必有一得)'고 하였습니다. 따라서 미치광이 말도 성인은 가려서 듣는다
고 하였습니다. 저의 계책이 반드시 유익하다고 할 수 있을지 걱정되지
만 어리석은 생각이나마 한번 말씀드려 보겠습니다." 그 후 광무군의
계책을 받아들인 한신은 연나라를 항복시키는 등 광무군은 한신의 참
모가 되어 혁혁한 공을 세웠다.

··· 회음후열전

'지자천려 필유일실(智者千慮, 必有一失),

우자천려 필유일득(愚者千慮, 必有一得)'이란

지혜로운 사람도 천 번에 한 번 정도는 실수가 있을 수 있고

어리석은 사람에게도 천 번에 하나쯤은 얻을 것이 있다는 말임.

智 : 슬기 지, 者 : 사람 자, 千 : 일천 천, 慮 : 생각할 려

必 : 반드시 필, 有 : 있을 유, 一 : 하나 일, 失 : 잃을 실

愚 : 어리석을 우, 者 : 사람 자, 千 : 일천 천, 慮 : 생각할 려

必 : 반드시 필, 有 : 있을 유, 一 : 하나 일, 得 : 얻을 득

소통은 듣기부터다

'이청득심(以聽得心)'이란 말이 있습니다. 들음으로써 사람의 마음을 얻는다는 말입니다. 한때 L경찰청장의 조직관리 방침이었습니다. 부하직원의 말을 경청하겠다는 소통의 의지 표명이었습니다. 그의 포근한 인품만큼이나 괜찮은 지침이었지만 재임기간이 짧아 조직 저변으로 확대되지 않아 아쉬운 감이 있습니다. 남의 말을 경청하는 것만큼 어려운 일도 없는 것 같습니다. 특히 아랫사람의 말을 잘 듣는 자세를 견지하는 것은 대단한 내공이 필요합니다. 경륜이 쌓이고 나이가 들고 계급이 높아지면 많은 것을 경험하고 많은 것을 알게 되어 자기도 모르는 아집에 빠지는 게 사람의 모습입니다. 그러다 보니 자연스럽게 남

의 말을 듣기보다는 말을 하는 데 익숙해져 있습니다. 젊은 세대나 부하직원들로부터 꼰대로 몰리는 첩경이기도 합니다. 소통이란 상호작용입니다. 그런데 소위 말하는 꼰대는 일방통행을 많이 합니다. 결국 소통이 아닌 먹통이 됩니다. 소통을 잘하는 관리자가 성공하는 시대가 도래했습니다. 압축성장과 권위주의 시절에 소통이란 말은 생소한 것이었습니다. '나를 따르라!', '돌격 앞으로!'만이 살 길이었던 시절이 있었습니다. 민주화가 되면서 '따라가도 될까?', '지금 돌격 앞으로 할 때인가? 돌아가는 게 더 낫지 않은가?' 이런 의문과 문제 제기가 당연시됩니다. 세대·계층 간 갈등의 요인으로 작용합니다. 소통의 딜레마를 어떻게 극복할지가 관리자로서 성패의 관건이 된 것 같습니다.

어떤 조직이든 회의문화를 보면 그 조직의 발전과 미래를 볼 수 있다고 합니다. 경직된 회의문화인지, 자유로운 분위기의 회의인지에 따라 그 조직의 소통 정도가 읽히고 발전 가능성을 진단할 수 있다고 합니다. 하지만 현실의 세계에서 회의는 정말 회의감(懷疑感)이 들 때가 많습니다.

경찰조직은 상명하복이 강한 조직입니다. 모든 경찰기관은 대부분 아침 일일회의를 합니다. 회의의 진행방식은 주요 업무에 대한 기능별 보고에 이어 기관장의 지시와 현안논의 사항을 추가로 토론하는 형식입니다. 그런데 대부분 회의는 보고와 지시로 진행되지만 지시 위주가 됩니다. 경찰서장, 지방청장, 경찰청장에 이르기까지 회의시간에 입을 여닫는 작용을 활발히 진행하고 있는 사람은 기관장뿐입니다. 유일하게 회의 참석자가 입을 열 수 있는 경우는 기관장의 질문사항을 답하는 수준에 불과합니다. 발언시간을 나눠볼 때 9.9 : 0.1 정도의 시간

배분입니다. 결국 기관장은 모든 현안에서 전지전능한 신의 반열에 오른 것과 마찬가지이고 참석자들은 노트에 받아쓰기 급급한 게 현실입니다. 저 역시 마찬가지의 오류를 범했습니다. 회의 참석자들을 꿀 먹은 벙어리와 받아쓰기 학생으로 전락시킨 것입니다. 출근 전 다짐을 해봤습니다. '오늘은 회의시간에 반드시 2 : 8 즉 참석자들의 발언시간을 80% 줘야겠다.' 하지만 회의가 시작되면 언제나 8 : 2로 전락합니다. 내가 발언하는 시간이 80%를 차지합니다. 아니 그 이상으로 내가 발언하는 시간이 길어졌습니다. 역시나 참석자들을 받아쓰기 기계로 만들었던 것 같습니다.

산의 높은 곳에 올라가면 더 많이 보인다는 말처럼 높은 위치에 있으니 더 많이 보인다는 자기 합리화를 하지만 경직된 회의문화가 되어 산의 구석구석을 보지 못하는 결과를 낳게 됩니다. 시키는 대로 하는 조직으로 전락시키는 것입니다. 구성원의 창의성과 진취적이고 역동적인 능력을 떨어뜨리게 됩니다. 지자(智者)로서 천 번을 옳게 하지만 한 번의 실수가 있을 수 있다는 고사 속의 말이 있지만, 관리자의 한 번의 실수는 돌이킬 수 없는 손상을 줄 수 있습니다. 비록 부하직원이나 참모들이라 할지라도 그들의 의견과 발언 속에 얻을 것이 있다면 자신을 내려놓고 들어야 합니다. 입은 하나이고 귀는 둘이라서 많이 들어야 한다는 얘기처럼 많이 듣고 말하도록 만들어주는 것이 소통의 지름길입니다. 부하의 입을 막는 것은 자신의 귀를 막는 것이라는 생각을 관리자는 늘 유념해야 할 것입니다.

☞ 지휘관의 회의시간의 99% 이상을 발언하고 말미에 "혹시 다른 좋은 의견 있나요?"라고 물을 때 대부분 참석자들은 회의가 빨리 종료되기를 바랄 뿐이다. 회의는 1시간이 넘어가면 집중력이 떨어진다. 회의감(懷疑感)이 오기 전에 차라리 빨리 끝내주는 게 부하직원의 뇌 피로를 풀어줄 꼰대의 마지막 배려다.

하루

대문 앞 조간신문처럼
또 하루가 왔다

맑은 날에도
흐린 날에도
바람부는 날에도
천둥치는 날에도
눈내리는 날에도

가난한 이에게도
부자에게도
잘난 사람에게도
못난 사람에게도

어제의 얘기들을 안고
하루가 왔다.

밀린 신문대금처럼
세월 빚은 자꾸 쌓여 가는데
하루 하루를 무심코 받아든다.

세상 끝나기 전
밀린 빚이라도 갚으려니
중년의 터벅걸음이 자꾸 뒤뚱거린다

36 다다익선 ^{多多益善}

한고조 유방은 한신과 여러 장수의 능력에 대해서 평가하곤 했는데 한번은 고조가 한신에게 물었다. "나 같은 사람은 어느 정도의 군사를 거느릴 수 있는 능력이 있다고 보는가?" 그러자 한신은 "10만 정도까지는 되겠습니다."라고 대답하였다. 고조가 "그렇다면 그대는 어떤가?"라고 묻자 한신은 "저는 많으면 많을수록 좋습니다(多多益善)"라고 대답하였다. 그러자 고조는 웃으며 "많으면 많을수록 좋다고? 그런데 그대가 어찌 나에게 사로잡히게 되었는가?"라고 물었다. 이에 한신이 대답하였다. "폐하께서는 병사들의 장군이 되실 수는 없지만 장군들의 우두머리가 되실 능력이 계십니다. 제가 붙잡힌 것은 바로 그 때문입니다. 더욱이 폐하의 권력은 하늘이 준 것이기 때문에 사람의 힘으로는 어찌할 수 없습니다."

··· 회음후열전

'다다익선(多多益善)'이란 많으면 많을수록 좋다는 말임.

多 : 많을 다, 多 : 많을 다, 益 : 더할 익, 善 : 좋을 선

많을수록 진짜 좋을까?

'많으면 많을수록 좋다'는 말은 맞기도 하고 틀리기도 한 말인 것 같습니다. 돈이 없는 사람은 돈이 많으면 많을수록 좋을 거라고 생각합니다. 그런데 재벌가의 가족분쟁을 보면 많은 돈 때문인 것 같아 좋은 것은 아닌 것 같습니다. 자손이 귀한 집은 자식을 많이 낳으면 좋은 일이지만 흥부집처럼 끼니조차 힘든 집에서는 많은 자식이 오히려 짐입니다. '가지 많은 나무 바람 잘 날 없다'는 말은 자식이 많은 집이 골치 아픈 일이 많아 힘들어하는 말입니다. 어쨌든 많은 것이 반드시 좋은 건 아닌 것 같습니다. 군사가 많은 건 좋은 일이지만 군사보다는 더 큰 역할을 하는 장군이 많은 게 한신을 이기게 된 계기이듯이 꼭 필요한 것이 많아야 좋은 것이지 무작정 많다고 좋은 것은 아니라는 교훈을 읽게 됩니다.

경찰관이 많으면 많을수록 좋을까? 경찰관이 많으면 범죄로부터 시민을 더 잘 보호할 수 있으니 좋다는 생각이 일반적인 생각일 수 있습니다. 하지만 경찰이 시민을 지나치게 감시할 수 있다는 생각에 이르

면 그다지 경찰이 많은 걸 좋아하지 않는 사람들도 있습니다. 나라 살림에 지장을 줄 정도의 경찰관이 많은 것은 바람직하지 않다고 봅니다. 경찰관이 주변에 많이 보이면 범죄가 많이 일어나는 것으로 비춰져 시민의 불안심리가 커질 수 있습니다. 경찰관이 급하게 뛰는 모습은 시민들에게 불안함을 야기한다는 생각까지 미칩니다.

지난날 경찰은 '가용경력 총동원', '가시적 순찰' 등 양적 치안에 치중한 것이 사실입니다. 많을수록 좋다는 다다익선(多多益善)의 사고방식에서 출발한 것 같습니다. 경찰관이 많이 보일수록 범죄 심리가 위축된다는 측면에서는 경찰력을 최대한 많이 활용하는 것이 좋을 수 있습니다만 평온한 일상을 바라는 시민의 입장에서는 주변에 경찰이 눈에 많이 띄는 일이 유쾌하지 않을 수 있습니다. 적정하고 효율적인 경찰인력이 배치되는 것이 맞다는 생각이 듭니다.

중간간부 시절 시골 오지 경찰서에서 범죄예방을 담당하는 과장으로 근무한 적이 있습니다. 경찰서 전체 인원이 100여 명 남짓한 시골 경찰서입니다. 일 년에 농작물 절도 사건이 한두 건 발생할 정도로 치안수요가 작은 경찰서입니다. 하지만 치안활동은 다다익선으로 행해졌습니다. 매월 일제검문 지시가 상부로부터 하달됩니다. 계획은 최상급부서인 경찰청에서 마련되어 지방경찰청, 경찰서로 그리고 최일선 부서인 지파출소로 소위 주서기안(기본계획에 붉은 사인펜으로 가필하여 세부시행계획으로 하급부서로 내려가는 형태)하여 하달됩니다. 여기서 문제는 늘 계획의 말미에 '자체 실정에 맞게 실시'라는 단서가 붙습니다만 하급부서는 상급부서의 지시사항을 완전히 무시할 수 없어 자체 실정을 100% 반영하기가 주저하게 됩니다. 자연스럽게 상급부서의 계획 내에서 이루어집니다. 가용경력 최대 동원(본서 내근자 전원 동원 등) 등의 큰 지침과 같은 것을 도저히 하급기관에서 재량껏 결정하는 일에는 한계가 있는 것입니다. 예의 3급지 경찰서에서 야간 일제검문을 사실상 매월 실시한다는 것은 형식적일 수밖에 없습니다.

읍내 지역은 밤이면 그야말로 사람이 다니지 않습니다. 지역 내 범죄 우려 지역인 유흥업소라야 노래방 한두 군데 정도입니다. 상부의 가용경력 총동원 지침에 따라 2인 1조씩 본서 내근 직원들로 동원하여 읍내에 배치하였습니다. 밤 9시 전후로 인적이 없는 읍내에서 어슬렁거리며 다니는 사람은 배치된 경찰관이었습니다. 읍내에서 유동하는 시민은 보이지 않을 정도인데 경찰관들이 더 많이 돌아다닙니다. 적정선을 넘은 경찰관의 배치입니다. 차라리 외진 지역에 독거노인들을 돌보러 가는 것이 더 나은 치안활동임에도 상부의 지침과 감독이 무서워 그 계획대로 경직되게 시행한 것입니다. 다다익선의 생각 틀을 벗어나지 못한 조치입니다. 그런 시행착오를 겪으며 지방경찰청장 시절 직원들에게 '산소(O2)치안'을 많이 역설하였습니다. 산소는 공기 중에 보이지 않아 평소에는 소중함을 못 느끼지만 없거나 부족하면 생명에 위험을 줄 정도여서 꼭 필요한 것입니다. 따라서 경찰도 평소 시민들에게는 보이지 않더라도 시민이 필요한 상황에서는 반드시 있어 주는 역할을 해야 하며 시민이 오히려 불편을 느끼게 해서는 안 된다는 점을 강조한 것입니다.

지방경찰청장으로 근무하던 중 관할하는 지방의 중소도시를 개인적인 용무로 지날 때 겪은 일입니다. 사거리 교차로의 교통이 원활한데 유독 우회전하는 곡각지역에 차량이 지체되어 있어 차를 세우고 살펴봤습니다. 다름 아닌 1.5 차로 폭의 회전지역 모퉁이에 순찰차가 정차되어 있었습니다. 이를 피해가기 위해 원활하게 우회전해야 할 차량이

지체되고 있었습니다. 지역치안책임자로서 얼굴이 화끈거렸습니다. 교통소통을 시켜야 할 경찰차량이 오히려 시민의 차량통행을 방해하고 있었으니 말입니다. 순간 시민차량에 설치된 블랙박스를 열고 녹음된 운전자의 말을 재생시키면 어떤 말들이 있을지 생각해봤습니다. 과연 경찰관의 노고를 격려하는 말이 있을까요? 생각건대 공자님께서도 분명 육두문자를 쓰시지 않을까 생각했습니다.

시민에게 산소는커녕 일산화탄소 같은 존재로 전락한 모습이 아닐까 싶습니다. 나중에 순찰차가 그 지점에 정차된 이유가 인근 교통초소에 차량을 주차할 곳이 없어 그렇게 되었다는 사실을 알고는 현장 교통경찰관을 질책하기 전에 주차공간을 확보해주지 못한 저를 포함한 관리자의 잘못임을 깨달았습니다. 그 일은 제 자신이 산소치안이 어떤 것인지 몸소 체험한 사례가 되었습니다. 많은 경찰관의 배치보다는 효율적인 경찰력 운용이 더 중요할 것입니다. 한신과 같은 다다익선보다는 상황에 맞는 적절한 인력을 운용하는 것이 맞다는 생각입니다.

☞ 그 시절 일제검문 결과보고는 그날 밤 범죄예방활동 실적으로 '00건, 00건' 등이 파출소에서 경찰서를 거쳐 지방경찰청, 경찰청으로 올라가 전국적인 결과가 취합되어 다음 날 경찰청장 집무책상에는 '가용경력을 최대 동원한 가시적 특별 일제 검문활동으로 평온한 치안을 유지했다'는 자평이 붙었다. 만약 그 날 하지 않았다면 그날 밤 치안이 흔들렸을까 생각해본다. 기본 근무에 충실하면 될 일을 '특별' 자는 이후에도 끊임없이 계획의 형용사로 붙었다(호랑이 담배 피우던 시절 얘기인가?).

37 시사여귀 視死如歸

　난포는 양나라 사람으로 팽월과 어릴 적부터 친구였다. 난포가 사신으로 다른 지방에 나가 있을 때 팽월이 반란 혐의로 붙잡혀 죽었다. 팽월의 목을 낙양 성문에 걸고 이 목을 건드리는 자는 처벌한다고 포고했다. 그러나 난포는 낙양으로 가서 팽월의 목 앞에서 제사를 지내고 곡을 했다. 관리가 그를 체포해 유방에게 끌고 갔다. 유방이 난포를 삶아 죽이라고 명령하자 태연히 가마솥으로 끌려가던 난포가 뒤를 돌아보며 말했다.

　"전에 폐하께서는 항우와 싸워 형양에서 패하셨을 때 항우의 추격을 피할 수 있었던 것은 무슨 이유였습니까? 바로 팽월이 항우의 뒤에서 끊임없이 괴롭혔기 때문입니다. 또한 해하의 싸움에서도 만일 팽월이 합류하지 않았다면 쉽게 이길 수 없었을 것입니다. 그런데 이제 아무 증거도 없이 반란 혐의를 씌워 팽월을 죽이셨습니다. 이래서는 모든 공신들이 불안에 떨 수밖에 없음을 걱정합니다. 저는 팽월이 이미 죽고 없는 이 세상에 더 이상 살고 싶지 않습니다. 삶아주십시오."

　이 말을 들은 유방은 고개를 끄덕이더니 난포를 풀어주었다. 그리고 도위라는 벼슬도 내렸다. 사마천은 이렇게 말했다.

"난포가 곡을 하고 죽으러 갈 때 자기 집으로 가는 듯했다(視死如歸). 그는 진실로 자기가 어떻게 행동해야 하는가를 알고 있었으므로 죽음을 아끼지 않은 것이다."

··· 난포열전

'시사여귀(視死如歸)'란 죽음을 고향으로 돌아가는 것 같이 여긴다는 뜻으로 죽는 것을 조금도 두려워하지 않는다는 말임.

視 : 볼 시, 死 : 죽을 사, 如 : 같을 여, 歸 : 돌아갈 귀

내 생명, 시민의 생명과 재산보호에

죽음을 두려워하지 않는 사람이 얼마나 있을까? 죽어서도 천국으로 간다는 종교적인 신념을 가진 사람이라도 갑작스러운 시한부 인생을 선고받는다면 당황할 것 같습니다. 죽음에 대해서 연구하는 사람들의 주장에 의하면 사람들이 죽음에 대해 두려워하는 것은 사후세계에 대한 것보다는 죽는 순간 고통에 대한 두려움이라고 합니다. 죽고 난 뒤에는 육체적이든 정신적이든 어떤 고통이 있는지 알 수 없기 때문이라고 합니다. 예수님의 부활처럼 다시 살아난다면 죽음을 경험해 볼 수 있겠지만 우리는 대부분 죽음을 체험하지 못합니다. 난포는 친구의 부

당한 죽음에 대해 항거하며 자신의 죽음을 마치 고향으로 돌아가듯 편안하게 받아들이는 모습을 보였다고 사마천은 회고합니다. 죽음을 두려워하지 않는 모습으로 자신이 어떻게 행동해야 하는지를 보인 것입니다.

군인, 소방관, 경찰관은 늘 위험을 안고 살아갑니다. 때로는 죽음을 감수해야 하는 직업입니다. 군인이 전장에서 죽음을 가장 명예로운 것으로 여기듯이 경찰관이나 소방관들도 시민의 생명과 재산을 보호하다 순직한 동료를 최고의 영예로 존경하고 예우합니다. 화마가 덮친 화재현장에서 한 명이라도 더 구조하기 위해 목숨을 걸고 불길 속으로 뛰어들어가는 소방관, 범죄현장에서 범인의 흉기위협에도 아랑곳하지 않고 몸을 던지는 형사의 범인 체포 장면에서 그들의 직업적 사명감에 경의를 표하게 됩니다.

선진국일수록 제복 입은 사람들의 사명감을 영웅시합니다. 유족에 대한 국가적인 지원도 아끼지 않습니다. 군인, 소방관, 경찰관들의 제복의 의미를 생각하게 됩니다. 제복은 그저 멋을 부리라고 입힌 것은 아닙니다. 특히 극단의 위험을 감내하는 특수임무를 맡은 특공대와 같은 복장은 일반 제복과 다르게 특별한 색상과 모양을 하고 있습니다. 제복은 눈에 잘 띄게 하고 소속감을 높이는 것과 같은 기본적인 의미도 있지만 결국 일반인과 다른 행동을 요구하는 표상입니다. 위험에 직면하여 희생하라는 의미도 있을 겁니다. 그래서 제복 입은 사람을 존중하는 것입니다.

세월호 당시 현장의 한 장면이 떠오릅니다. 해경 특공대원 한 명이 전복된 배에 올라 쇠망치를 들고 거친 파도와 싸워가면서 배 밑둥치를 치던 장면입니다. 혹시 뱃속에 생존자들이 망치소리에 반응을 들으려는 안간힘을 쓰는 장면입니다. 망망대해에서 거친 파도를 아랑곳하지 않고 한 명이라도 구조해보려는 사투를 벌인 장면입니다. 검은 제복의 특공대원에 대해 같은 경찰관의 입장에서도 경의를 느꼈습니다. 하지만 시민의 시선은 싸늘했습니다. 배 안으로 뛰어들어가는 특공대원은 없고 뒤집어진 배 위에 올라 망치로 두드리는 소극적인 대처에 실망했다는 반응을 보였습니다. 위험한 재난현장에서 몸을 던져 구조하려는 모습이 아니었다는 것입니다. 배가 뒤집혀 물살의 소용돌이가 심해 구조하러 뛰어들었다가는 특공대원의 목숨조차 잃을 수 있는 대단히 위험한 현장이었습니다. 그럼에도 시민은 특공대원들의 목숨을 건 구조 활동을 기대했던 것 같습니다. 난포가 죽음을 마치 고향으로 돌아가는 것처럼 여긴 것과 같이 시민들은 제복을 입는 경찰관이 시민의 생명과 재산을 지키다가 목숨을 잃는 일을 두려워하지 않을 것을 원하는 것 같습니다(물론 요즘은 고향 가는 일이 마냥 즐거운 일이 아닌 시대입니다만).

☞ 용산사태에 희생된 경찰특공대원 고 김남훈 경사의 죽음의 의미를 되새겨야겠다.

여보게 좀 쉬어가세나

여보게 좀 쉬어가세나
가슴까지 차오른 인생길
구름 속 숨은 관악 제 자리에 있건만
내달아 가본들 달아나던가
풍설에 갈라진 솔껍질마냥
지쳐 몸부림쳐도
한세상 이거늘
턱 걸터앉아 한 시름 잊은 들
누가 탓하겠는가?

여보게 좀 쉬어가세나
숨가삐 살아온 세상살이
돌아보면 뿌연 먼지만 횅한 것을
뭬가 그리 쫓아오는가
빈 하늘 덩그런 구름마냥
잠시 스쳐가는
우리네 인생이거늘
긴 숨 돌이켜 쉬어간들
누가 탓하겠는가?

38 중석몰촉 中石沒鏃

　전한의 장수 이광은 정직하고 깨끗한 인품이면서 용맹스런 장수였
다. 이광의 장수됨을 높이 평가한 효문제는 "안타깝게도 그대는 시대
를 잘못 태어났구나. 만일 그대가 아버님(한고조)의 시대에 태어났다면
만호를 다스리는 제후쯤은 문제도 아니었을 텐데…." 하고 말했다. 활
쏘기에 천부적인 재능을 가진 이광이 사냥을 나갔을 때의 일이다. 앞
에서 호랑이가 스쳐 지나가자 이광이 재빨리 화살을 쏘아 명중시켰다.
그런데 가서 보니 명중시킨 것은 호랑이가 아니라 돌덩이였다. 화살이
돌덩이를 뚫었던 것이다(中石沒鏃). 다시 활을 잡아 쏘았는데 어떻게 해
봐도 바위를 다시 뚫을 수 없었다.

… 이장군 열전

'중석몰촉(中石沒鏃)'이란 돌 가운데 화살촉이 박힌다는 말로
온 힘을 다하여 일을 추진하면 놀라운 결과를 거둘 수 있다는 말임.

中 : 가운데 중, 石 : 돌 석, 沒 : 가라앉을 몰, 鏃 : 살 촉

가장 큰 적, 고정관념

'우주의 기운'이라는 말이 회자된 적이 있습니다. '간절히 바라면 우
주가 도와준다'는 말입니다. 사람의 일을 우주가 도와서 안 되는 일이
없을 것입니다. 그렇지만 그 전제 조건은 분명히 간절함입니다. 간절함
은 최선을 다하는 노력 없이 마음만으로 되는 것은 아닙니다. 화살촉
으로 돌을 맞춘 이광의 화살은 생명을 앗아갈지 모를 호랑이에 대해
방어해야 한다는 간절함과 절박함이 있었기에 돌을 뚫을 수 있었던
것입니다. 이후 다시 정상적인 마음 상태에서 화살을 쏘았지만 화살이
돌에 꽂히지 않았습니다.

행정개선이나 개혁은 쉬운 일이 아닙니다. 기존의 관행이나 제도를
바꾼다는 것은 법령, 예산, 여론 수렴 등 절차가 까다롭고 번거로운
일입니다. 그냥 하던 대로 하는 것이 편안합니다. 하지만 제도라는 것
은 시대와 상황에 따라 신축적이고 변화에 빠르게 변화시키고 맞추어
야 합니다. 경찰행정도 마찬가지입니다. 세상이 급변하게 돌아가는데

지난 시절의 제도와 시스템을 고집하다가는 피해는 국민에게 돌아가는 것입니다.

경찰교육기관장으로 근무하면서 교육기관의 명칭을 변경할 필요를 절감했습니다. 기성경찰관들을 상대로 재교육하는 '경찰교육원'을 '경찰인재개발원'으로 바꿨습니다. 먼저 '교육'이란 용어가 시대에 뒤떨어진 것이라고 생각했습니다. 교육, 훈련이라는 용어는 과거형입니다. 압축 성장을 지향하던 시대에 쓰이던 교육, 훈련이라는 용어가 과연 4차 산업혁명시대에 맞는 개념인지 고민했습니다. 교육, 훈련이라는 용어는 주입식, 하향식, 일방적인 지식 전달 개념으로 지금의 집단지성 시대에 효과적인지 의문이었습니다. 누구나 스마트폰으로 실시간 정보를 얻을 수 있어 똑똑해진 사람들이 살아가는 시대에 교육이나 훈련이라는 프레임으로 접근한다는 것은 시대착오적인 행정이라고 생각했습니다.

정부의 관련법도 개정된 지 몇 년이 지났습니다. '국가공무원교육훈련법'이 개칭되어 '국가공무원인재개발법'으로 바뀌고 '중앙공무원교육원'이라는 명칭도 '국가인재개발원'으로 바뀌었습니다. 민간기업에서는 일찍이 'oo인재개발원'이라는 명칭을 사용했습니다. 직원을 단지 훈련대상, 재교육대상이 아닌 인재의 개발 즉 쌍방향, bottom-up, 사람존중의 가치로 패러다임을 전환하는 것이 미래를 준비하는 것이라고 봅니다. 따라서 경찰도 그런 시대 상황에 맞게 경찰관 개개인의 능력과 역량을 살려 소중한 인재로 양성해야 한다는 점에서 기존의 '경찰교육원'이라는 명칭은 반드시 바꿀 필요가 있었습니다.

저와 생각을 같이 한 교육원 스텝들은 일을 힘차고 빠르게 추진했습니다. 하지만 현실의 벽은 여러 가지로 만만치 않았습니다. 먼저 국가기관의 명칭을 개칭하는 일은 기관장의 독자적인 결정이나 상급기관 단독으로 이루어지는 일이 아니었습니다(일을 추진하면서 알게 되었습니다). 정부 조직담당 부처인 행정자치부 장관의 승인과 관련 부처 차관회의 통과 후 대통령 주재 국무회의에 상정되어 심의되고 관련 법령이 바뀌어야 합니다. 일개 교육기관에서 이런 일을 단독으로 추진한다는 것은 행정관행상 사실상 불가능한 일이었습니다. 상급부처인 경찰청 해당 기능과 조직을 담당하는 기획부서 실무자들은 좋은 뜻과 의지는 이해하지만, 실무적으로 불가능할 것이라며 머뭇거렸습니다. 먼저 경찰청의 내부적인 공감과 무엇보다도 행자부 실무자의 설득이 쉽지 않다는 것입니다. 가만히 있어도 될 일을 사서 하는 일이고 번거로운 절차에 난색을 보였습니다. 저는 '일이란 안 된다고 생각하면 안 되는 이유가 보이고 된다고 생각하면 되는 조건이 보인다'는 평소 소신을 갖고 직접 뛰기로 마음먹었습니다. 평소 친분 있는 행자부 관련 간부에게 상황을 직접 설명했습니다. 좋은 방안이라며 찬성했습니다. 하지만 시기적으로 촉급하니 가을 국무회의 때 상정되게 하겠다고 했습니다. 그것은 결국 안 하겠다는 생각처럼 느껴졌고 가을쯤이면 제가 타부서로 이동하게 되어 계획이 사장될지 모른다고 판단하여 꼭 신년 초에 되어야 함을 역설했습니다. 난색을 표명하던 행자부에서도 저의 간절함을 받아주고 경찰청에서도 신속히 계획을 수립하여 보고해주기를 요청했습니다. 경찰청 관련 기능에서는 실무적으로 봉착할 것으로 예상하던 일이 순조롭게 진행됨에 고마워하며 일을 추진했습니다. 그해 가을 '경찰교육원'은 '경찰인재개발원'으로 개칭되어 새롭게 출발하게 되었습니다. 기관의 명칭 하나 개칭에 불과한 조치였지만 자신을 교육대상이나 훈련대상에서 인재라는 소중한 가치를 부여받는 데 대해 자궁심을 느낀다는 경찰관들의 반응에 뿌듯함은 이루 말할 수 없었습니다. 이후 교과목 중심의 조직체계를 융복합교육 형태의 조직체계로 바꾸어 명실상부한 미래지향적인 교육기관으로 변화했습니다. 행정적으로 많은 시간과 법령개정 등 까다로운 절차로 머뭇거리게 되는 일이었지만 '미래 인재 양성'이라는 교육적 가치를 실현시키겠다는 야심(?)으로 간절히 추진한 결과 화살로 바위를 뚫게 된 결과를 얻었던 것 같습니다. 당시 같이 일한 동료들의 노고가 너무 컸습니다. 저는 떠나왔지만 그들은 지금도 그 자리에서 열정을 쏟고 있어 박수를 보내고 싶습니다. 물론 경찰청 관련 기능의 간부와 실무자들에게도 함께한 열정에 경의를 보내고 싶습니다.

☞ 경찰교육원을 경찰인재개발원으로 기관 명칭을 개칭하고 교과 중심의 조직을 관련 과목의 융복합교육 체계로 변경시키는 등의 교육기관 개혁조치로 그해 경찰인재개발원은 기관평가에서 최우수 평가인 'S'등급을 받게 되었다.

39 도이불언 하자성혜挑李不言 下自成蹊

　이광 장군은 변경의 태수가 되었고 그의 용병술은 덕을 중시하고 부하를 사랑하였으므로 모두가 진정으로 그를 흠모하며 따랐다. 4천의 병사로 4만의 흉노족에게 포위당하고도 적장을 쓰러뜨렸으나 후(候)에 봉해지지도 않았다. 노령에도 불구하고 대장군 위청이 출진할 때 스스로 종군을 거듭 요청하자, 한 무제는 그에게 우장군으로 봉하고 막북에서 합류를 하였으나 그는 도중에 길을 잃어 기일 내에 당도하지 못했다. 흉노에게 고전하던 위청은 이광을 의심하고 그의 부대를 벌하라고 상소하였다. 하지만 그는 모든 죄는 자기에게 있다며 부하를 감싸고 막사로 돌아와 "육십이 넘어 심판을 받는 치욕은 견딜 수 없다."며 자결하고 말았다. 그의 죽음을 듣고 모든 사람이 슬퍼하였고 사마천은 그를 애도하여 "그가 죽던 날 그를 모르는 사람조차 모두 애도하였다. 복숭아나무와 자두나무는 스스로 말이 없지만 그 아래로 저절로 길이 난다(挑李不言 下自成蹊)."라는 글귀를 헌정했다.

… 이장군 열전

'도이불언 하자성혜(挑李不言 下自成蹊)'란 복숭아나무나 자두나무는 말이 없지만 그 밑에는 저절로 오솔길이 생긴다는 뜻으로 덕이 있는 사람은 스스로를 뽐내지 않아도 자연스럽게 사람이 모여든다는 의미를 말함.

桃 : 복숭아나무 도, 李 : 자두나무 리, 不 : 아닐 불, 言 : 말씀 언
下 : 아래 하, 自 : 스스로 자, 成 : 이룰 성, 蹊 : 지름길 혜

참다운 리더는 참는 사람이다

장수를 평가할 때 흔히들 용장(勇將), 지장(智將), 덕장(德將)으로 분류합니다. 용맹스러움과 지혜로움 그리고 덕스러움을 순서로 따져서 덕장이 가장 훌륭한 장수라는 것이 일반적 리더십의 평가입니다. 리더십이란 개인의 자질보다는 상황에 맞게 발휘해야 한다는 주장을 펼치는 입장에서는 반드시 그런 순서로만 평가하는 데 문제가 있는 것 같습니다. 상황에 따라서는 지와 덕보다는 용맹스러움이 더 중요할 수도 있다고 보기 때문입니다. 하지만 대체로 덕스러운 리더가 가장 훌륭한 리더로서 목표달성을 위해 효과적인 리더십으로 여겨집니다.

목표지향적인 리더가 덕스러움으로 조직을 이끌어가는 일은 생각보다는 만만치 않습니다. 덕스러움이란 부하의 입장에서 상황을 이해하고 너그러이 받아들여야 합니다. 어쩌면 느림을 견지해야 할지도 모릅니다. 목표를 눈앞에 두고 부하의 처지를 이리저리 고려하고 공감을

얻어가면서 일을 한다는 것은 리더에게 상당한 내공을 요구합니다. 그것을 리더가 감내하면서 일을 해나가면 단기간의 성과보다는 더 큰 성과를 이룰 수 있다는 것이 리더십 전문가들의 견해인 것 같습니다.

장수 이광은 전장에서 부하들의 처지를 누구보다 헤아려 지휘했습니다. 고난의 상황에서도 부하들의 책임을 대신하겠다며 자신의 목숨을 바쳤습니다. 이런 리더는 결국 부하들의 추앙을 받게 됩니다. 자신을 뽐내지 않는 복숭아나무와 자두나무 밑에 자연스런 지름길이 생긴다는 말과 같이 사람들의 존경을 받게 됩니다. 리더의 덕(德)이란 참는 과정이라고 생각합니다. 덕장은 인장(忍將)의 다른 말입니다. 부하는 일을 잘할 수도 있고 못할 수도 있습니다.

잘한 일에 대해서는 리더가 부하를 인정해주고 높이 평가해 포상하는 일은 쉽게 할 수 있습니다. 문제는 부하의 과오를 어떻게 대처하느냐에 따라 리더의 자질을 평가할 수 있다고 봅니다. 눈앞에 목표가 달성 직전인 상태에서, 치열한 경쟁의 대열에서, 중요한 과업달성으로 조직의 성패가 좌우되는 시점에 부하의 결정적인 과오를 통상의 리더라면 어떻게 받아들일까요? 대부분 리더는 일단은 감정적인 폭발상태가 될 것입니다. "일을 어떻게 하는 겁니까?", "제정신입니까?", "책임지십시오!" 등 강한 질책성 언사를 하게 됩니다. 그리고 이어지는 문책으로 부하의 재기가 불가능한 상태가 되게 합니다. 조직을 책임지는 리더로서는 당연히 과업중심의 사고와 행동을 할 수밖에 없을 것입니다. 그런데 결정적인 순간에 냉정하게 따져보면 더 이상 잃을 것이 없는 상태에서 사람까지 잃어서는 안 된다는 생각을 하면 대처방식은 달라질 수 있습니다. "이왕 이렇게 된 거 피해 최소를 위해 최선을 다해 봅시다.", "다른 길이 있을지 모르니 너무 낙심 말고 함께 대처해나가 봅시다." 등등 부하와 함께하겠다는 말로 위로와 격려를 하는 경우입니다. 현실적으로 쉽지 않은 언사입니다. 너무나 낭만적인 생각일 수 있습니다. 하지만 참지 못하고 감정적인 대응을 하였다고 해서 상황이 더 나을 것이 없습니다. 돌이킬 수 없는 상황임을 부하와 리더가 공유하면서 함께 헤쳐나가려고 시도해야 합니다. 극단적인 리더의 조치로 부하가 상황을 극복하려는 의지조차 가지지 못하게 하는 경우보다 낫지 않을까 생각됩니다. 리더의 강한 질책성 조치가 없더라도 대개의 부하들은 자신의 과오에 대해 상당히 괴로워하고 두려워합니다. 그런 상황에 리더의 감정적인 언사나 조치는 회복할 수 없는 상태에 빠지게 됩니다.

군의 사드 배치 작전과정에서 발생할 지도 모를 반대주민과 충돌을 최소화하고 안전사고를 예방하는 업무의 현장 경비 책임자로 임무를 맡은 적이 있습니다. 국내의 찬반 논란이 극에 달해 있고 세계적인 이목마저 집중된 상황이었습니다. 정부의 방침과 국가안보적인 필요성뿐 아니라 한국경찰의 경비대응능력이 평가받는 막중한 상황일 뿐 아니라 배치가 무산되면 제2, 제3의 배치작전이 이어질 것이 자명한 상황이라 군의 당초 계획이 원활히 달성되도록 적극 지원했습니다. 특히 고령의 노인들이 배치반대의 전면에서 경찰과 대치하는 상황이 이어지고 있어 자칫 불의의 불상사도 예견할 수 있어 최고조의 긴장감으로 배치작전을 수행해야 했습니다. 현장 경비책임자로서 온갖 신경이 곤두서고 예민해질 수밖에 없었습니다. 군에서도 충돌 최소화를 위해 새벽시간대 진입하는 것으로 결정을 내렸고 경찰도 이를 수용했습니다. 심야시간 타 시·도에서 고속도로를 경유하여 배치지역까지 고속도로순찰대가 에스코트하여 이동하는 작전이었습니다. 군경 합동상황실에서 무전으로 현장을 지휘했습니다. 사전에 몇 번에 걸친 예행연습에 따라 차곡차곡 순차적으로 진행되었습니다. 그런데 진입시점에 임박하여 갑자기 사드수송 차량이 계획된 지점을 통과하지 않고 있었습니다. 무전으로 에스코트하는 순찰대장을 호출했으나 묵묵부답이었습니다. 예상보다 20여 분 더 지체되었습니다. 이런 추세라면 동이 트고 마을 주민들이 집결하여 이동로가 차단되는 일은 불가피한 상황이었습니다. 다급한 무전호출에도 묵묵부답이어서 핸드폰으로 다시 순찰대장에게 연결을 시도했습니다. 계속되는 묵묵부답. 입이 바짝 말라가고 군부대 관계자들도 경찰경비상황에 애를 태웠습니다. 20여 분 뒤 순찰대장의 핸드폰 번호가 떴습니다. "청장님, 원래 에스코트는 진입로 인근 인터체인지까지 하는 것으로 이동 대열은 인터체인지에서 내려가고 에스코트 차량은 진행방향 고속도로로 이동하는데 사드 대열이 인터체인지로 내려가지 않고 순찰차를 따라와서 회차 지점이 없어 다음 회차 지점까지 가게 되어 현장 조치하느라 보고를 못 드렸습니다. 죄송합니다."라고 보고하는 것이었습니다. 사드의 위치가 확인된 안도감 이전에 그런 상황을 보고하지 않은 순찰대장에 대해 당장 입안에서 끓는 욕을 꾹 참고 "네 다행입니다. 수고했습니다."라고 답했습니다. 우여곡절을 겪으며 사드배치 작전을 당초의 계획 틀 안에서 완료하였습니다. 상황실로 고속도로 순찰대장이 저를 찾아왔습니다. 연신 죄송하다는 말을 내뱉었습니다. 저는 "제시간에 사드가 배치되지는 않았지만 그래도 마지막까지 최선을 다해서 성공적으로 마무리했으니 괜찮습니다."라고 오히려 격려하고 서로 악수를 나눴습니다. 그 상황을 지켜본 직원들의 후일담입니다. "청장이 인내심이 상당한 사람이다. 보통 사람 같으면 육두문자에 난리블루스를 쳤을 텐데…"라는 말들을 했다고 합니다. 저는 당시 상황에서 나름 냉정하고자 했던 것 같습니다. 그 상황에서 지휘관인 제가 계획이 제대로 되지 않는다고 악다구니 쓰면서 대응할 경우 현장에서 쩔쩔매고 있던 순찰대원들은 더욱 더 당황하여 제대로 일을 처리하지 못할 것이라고 판단했습니다. 차분하게 기다리며 인내하는 것이 필요하다고 생각한 것입니다. 자신의 과오를 스스로 깨닫고 이를 만회하기 위해 현장은 몇 배나 더 노력했을 겁니다.

지휘관의 감정관리 소홀은 자칫 더 큰 것을 잃을 수 있다고 생각됩니다. 참고 기다린다는 것은 쉬운 일이 아닙니다. 당장 잃을 것 같은 초조함과 불안감 때문입니다. 하지만 상황을 관조하며 조금만 참아주는 리더가 필요합니다. 리더는 결코 사사롭게 처신해서는 안 됩니다.

이광은 평소 덕스러움으로 모두의 존경을 받은 것입니다. 복숭아나무와 자두나무처럼 뽐을 내지 않아도 사람들이 스스로 그 아래로 지름길을 만드는 지혜가 리더에겐 필요할 것입니다. 사드배치 상황에서 겪은 일화를 통해 참다운 리더는 잘 참는 인장(忍將)이라는 생각을 굳히게 되었습니다.

남자 나이 오십을 넘기면

남자 나이 오십을 넘기면
더 많이 잡으려는 것보다 잡고 있는 것이 달아날까 두려워진다.

남자 나이 오십을 넘기면
필요에 의해 만나는 사람보다 가슴을 채울 사람을 만나고 싶다.

남자 나이 오십을 넘기면
굳어버린 사랑의 화석을 부여잡고 온기를 되찾고 싶어진다.

남자 나이 오십을 넘기면
꽃피고 새우는 봄날보다 낙엽에도 눈물이 나는 시인이 된다.

40 호복기사 胡服騎射

조(趙)나라 무령왕은 신하 누완에게 말했다.

"우리 동쪽에는 제나라와 중산제국, 북쪽에는 연나라와 동호, 서쪽으로는 진, 한과 누번이 있소. 노력하여 성공하려면 개혁을 한 번 해야 할 것이오. 내 생각으로는 우리가 입고 있는 긴 도포와 큰 저고리의 복장은 육체노동과 전쟁에 편리하지 않소. 호인(胡人: 북방의 소수민족)의 좁은 소매로 된 짧은 옷을 입고 발에 가죽신을 신으면 훨씬 민첩할 것이오. 나는 호인의 풍속을 모방하여 복장을 바꾸려고 하는데 그대들의 생각은 어떠시오?"

누완은 찬성했다. "저희가 호인의 복장을 모방하고 그들의 전쟁능력도 배우려는 것입니까?"

조 무령왕은 "맞소! 우리가 전쟁할 때 모두 보병이나 말을 끄는 수레를 사용했소. 그러나 말을 타고 싸우는 것은 할 수 없었소. 나는 호인의 옷을 입고 호인처럼 말을 타고 활을 쏘는 것(胡服騎射)을 배우려 하오."

적지 않은 대신들의 반대에 부딪쳤지만 조 무령왕은 조회에 직접 호인 복장을 입고 나가 대신들을 설득하여 나라의 풍속을 개혁하여 모든 사람들이 편리한 호복을 착용토록 하고 병사들에게 말을 타고 활쏘기를 익혀 강대한 기병을 양성하여 호복기사를 실행한 지 7여 년이 지나 주변의 여러 나라를 굴복시키고 진나라에 대항할 정도의 강대국을 만들었다.

… 흉노열전

해설
'호복기사(胡服騎射)'라 함은 조나라 무령왕이 백성들에게 호복을 입히고 말을 타고 활쏘기를 익히게 하여 강력한 기병부대를 양성해 거추장스런 전통 옷 대신 북방기마족의 옷을 입고 싸워 이긴 것을 비유한 것으로 시대의 변화와 요구에 맞춰 구태에서 벗어나 혁신으로 나아가야 한다는 말임.

胡 : 턱밑 살 호, 服 : 옷 복, 騎 : 말탈 기, 射 : 궁술 사

익숙한 불편함을 제거하라

고정관념을 떨쳐버리기란 쉽지 않은 일입니다. 특히 오랜 전통과 관습으로 이어져 온 것이라면 더욱 바꾸기가 힘듭니다. 지금은 남자들이 머리카락을 짧게 자르는 것이 당연한 일이지만 개화기에 몇백 년간 해 오던 상투를 없애는 일은 차라리 목을 자르는 것이 낫다고 할 정도로 받아들이기 어려운 일로 여겨졌습니다. 하지만 변화란 생존과 번영의 문제입니다. 역사적으로 변화에 빠르게 발을 맞춘 민족이나 국가는 살

아남았습니다. 서구 열강의 노크에 빠르게 문을 연 일본은 성장하고 번영하여 주변 나라에 대한 지배권을 행사했습니다. 쇄국이냐 개국이냐 당파싸움에 열을 올리던 조선이나 자신들이 세계의 중심으로 최고라는 안이한 생각에 머물던 청나라는 너무 쉽게 망했습니다. 식민의 아픈 역사를 겪게 된 것은 변화에 대한 머뭇거림이나 외면이 낳은 역사적 교훈입니다.

변화를 추구한다는 것은 기존을 바꾸고 더 좋은 방향으로 뜯어고치는 개혁이나 혁신이 전제됩니다. 악화를 위해 변화를 추구하는 것은 아닐 것입니다. 정부가 바뀌면 변화와 개혁을 내세웁니다. 행정도 변화를 위해 요동을 칩니다. 법 개정을 포함하여 제도개선뿐 아니라 나아가서 행정을 집행하는 공직자의 의식까지 변화를 모색하게 됩니다. 변화, 개혁, 혁신과 같은 단어들이 난무합니다. 변화와 개혁을 위한 새로운 아이템을 찾아 공직자들은 골머리를 앓게 됩니다. 과거의 파일을 꺼내 놓고 원점에서 묘책을 찾기도 합니다. 민간기업에서도 변화에 빠른 적응을 위해 CEO들이 새로운 비전 찾기에 열심입니다. '마누라와 자식을 빼놓고 모두 바꾸자'고 설파한 삼성그룹 이건희 회장의 말의 파격과 절박함은 바로 변화만이 살길이라고 생각한 것이 때문입니다.

경찰도 새로운 정부가 들어설 때마다 변화와 개혁을 위해 몸부림을 했습니다. 지나온 날들에 대한 회고와 성찰, 그리고 미래에 대한 새로운 비전을 제시코자 모든 구성원들이 너나없이 동참하게 됩니다. 일부의 냉소적인 반응은 변화와 개혁을 위한 큰 물결 속에 밀려가고 맙니다. 그럼에도 변화를 추구하고 개혁안을 마련하는 일은 쉬운 일이 아닙니다. 100여 년 행정역사가 이어져 오면서 많은 변화를 추구했기에 눈에 확 드러날 새로운 개혁안을 마련하기란 해운대 모래사장에서 잃어버린 동전을 찾는 일만큼이나 어려운 일입니다. 하지만 개선이나 개혁의 본질은 새로운 것을 찾아 먼 곳에서 헤매거나 지나치게 큰 것을 겨냥해서는 안 됩니다. 기존의 것으로부터 모색해야 한다는 생각입니다. 핵심은 '익숙한 불편함을 제거하거나 해소하는 것'이 바로 개선이고 개혁이며 나아가 혁신이라고 생각합니다. '하늘 아래 새로운 것이 없다'는 말처럼 세상에 완전히 새로운 것은 없다고 봅니다. 변화와 개혁을 위한 창의적인 사고는 바로 모방과 뒤집기(역발상) 외에 '익숙한 불편함 찾기'라고 생각합니다.

　작전담당 업무를 하던 시절입니다. 경찰에서 작전업무란 내륙에서 발생한 소규모 인원의 간첩출현에 대해 경찰 단독으로 작전을 수행하는 임무를 담당하는 업무입니다. 도심에서 5인 미만의 무장공비가 출현하면 경찰기동타격대(일명 5분타격대)가 출동하여 초동타격임무를 수행하는 분대규모의 작전임무입니다. 주로 전의경으로 구성되었습니다. 소총과 분대 규모의 화기를 보유하고 기동차량은 군용트럭이었습니다. 그런 작전업무가 무장공비대응 조직에서 시대가 바뀌면서 주요 범죄 발생시 초동타격임무를 띠고 출동하는 팀으로 임무의 변화가 있었습니다. 소위 112타격대로 명칭이 변경되고 임무도 작전업무보다는 주요 사건·사고 초동조치 임무를 수행하는 것으로 바뀌었습니다. 주요 사건·사고 현장에 출동하는 5분 타격대의 임무는 아주 요긴하게 초동대응조직으로 활약했습니다. 하지만 5분타격대 출동시 소총휴대와 같은 무장 상태는 대간첩작전 복장과 장비 그대로 사용하였습니다. 특히 대형 군용차량의 도심 진입은 형사사건을 처리하기 위해 출동한 것으로 볼 수 없는 군사작전과 같은 모습을 보여 시민들의 불안감을 가중시키는 모습이었습니다. 누구도 문제의식 없이 몇 년의 세월이 흘렀습니다. 소총으로 무장하는 대원들이나 군용트럭의 도심주차에 대해 불편함을 인식했습니다. 군용트럭을 봉고형 형사기동대 차량으로 바꾸기를 요청했습니다. 익숙했지만 불편함을 인식하는 순간 개선안이 마련되었습니다. 지금은 5분타격대 차량이나 출동복장이 주로 형사사건을 처리하는 형태의 차량과 복장으로 바뀌었습니다. 작은 생각이 변화를 이끈 결과입니다. 30여 년 넘게 유지되던 순찰함 제도를 폐지한 것도 결국 익숙함 속에 내재된 불편함과 효과성에 대한 재인식의 결과라고 봅니다.

한때 유행하던 셀카봉 또한 그렇습니다. 이미 팔을 이용해서 여러 각도의 셀카를 찍는 것이 익숙하였으나 어느 순간 좀 더 멀리서 다각도로 할 수 있지 않을까에 대한 고민과 앵글 잡기에 한계가 있는 것을 느끼자 아주 간단한 막대 하나를 이용함으로써 대박을 터뜨렸습니다.

소매가 길어 거추장스러운 전통복장을 버리고 실용적인 호복(胡服)과 말을 타고 활을 쏘는 기병의 전술(騎射)이 훨씬 효과적이라는 것을 인식한 조나라 무령왕의 혜안은 바로 익숙한 전통과 관행에 대한 문제의식에서 출발했습니다. 물론 이런 변화와 개혁은 늘 저항이 따릅니다. 결국 그런 거센 저항조차 변화만이 살아남는 길이라는 자기 확신과 주변을 설득하여 돌파해야만 성공을 거둘 수 있기에 변화와 개혁과정에서 생길 수 있는 진통을 두려워하지 않아야겠습니다.

☞ 경찰은 지나치게 변화와 개혁을 지향하는 것이 아닌가 하는 의구심이 들 때도 있다. 지휘관이 바뀔 때마다 많은 특수시책을 남발하고 지휘관이 바뀌면 도루묵으로 되자 어떤 지휘관은 '기본에 충실한 경찰'을 슬로건으로 내걸기도 했다.

41 천고마비 天高馬肥

중국 북방에서 일어난 흉노는 2000년 동안 북방 변경의 농경지대를 끊임없이 침범하여 약탈을 일삼는 유목민족이었다. 고대 중국의 군주들은 흉노의 침입을 막기 위해 북방변경에 성벽을 쌓았고 진시황도 기존의 성벽을 연결하여 만리장성을 완성하기도 하였다. 북방의 초원에서 방목과 수렵으로 살아가는 흉노에게는 초원이 얼어붙는 긴 겨울을 나기 위해 양식이 필요했기에 끊임없이 중국의 북방을 침입하였다. 봄부터 여름까지 풀을 먹은 말은 가을에는 토실토실 살이 찐다. 그러나 겨울이 되면 그들은 식량을 찾아 살찐 말을 타고 중국 변방을 쳐들어와 곡식이나 가축을 노략질해갔다. 그래서 병사들은 가을이 되면 활줄을 갈아 메고 활촉과 칼을 갈며 경계를 강화하였다. 중국인들은 하늘이 높고 말이 살이 찌는 가을이 되면(天高馬肥) 언제 흉노가 쳐들어올지 몰라 전전긍긍했다고 한다.

··· **흉노열전**(한서 : 흉노전)

'천고마비(天高馬肥)'란 하늘은 높고 말은 살찐다는 뜻으로
가을이라는 활동하기 좋은 계절을 말함
(원래는 중국인이 흉노족의 침입을 경계하고자 나온 말이라 함).

天 : 하늘 천, 高 : 높을 고, 馬 : 말 마, 肥 : 살찔 비

마른 경찰, 살찐 경찰

　현대인에게 다이어트는 필수적인 생활수칙입니다. 갖은 다이어트 비법이 소개됩니다. 다이어트시장 규모도 만만찮습니다. 끼니를 때우기조차 힘든 보릿고개를 살았던 아버지 세대가 지금의 다이어트 열풍을 보면 어안이 벙벙할 것입니다. '쌀 팔아서 죽 사 먹을 놈'들로 여겨질 것입니다. 그럼에도 현대인의 과다 영양섭취와 부족한 몸놀림으로 다이어트는 불가피한 것 같습니다. 외모를 위해서든 건강을 위해서든 다이어트를 합니다. 특히 더위로 입맛을 잃었던 여름이 지나고 입맛이 살아나는 가을은 다이어트 하는 사람에겐 경계의 계절입니다. 가을은 결실과 풍요의 계절입니다. 보약도 겨울에 약효가 먹히기 위해서는 가을에 복용하는 것이 좋다고 합니다. 또한 가을은 떨어지는 낙엽에 생의 의미를 부여하고 노래하는 시인의 계절입니다. 그런 좋은 계절이 사실은 겨울을 나기 위해 중국 변방을 침입하는 흉노를 경계하는 계절이었습니다. 천고마비라는 말을 쓴 중국 변방 사람들에는 위험한

계절이었습니다. 다이어트 하는 사람에게도 가을은 살이 찐다고 하는 계절이니 가을의 정취를 느끼기보다는 경계의 계절입니다.

　옛날에는 살이 쪄서 배가 나온 것이 부자의 상징이었던 시절도 있습니다. 요즘 다시 판매하고 있는 '금복주'라는 소주의 캐릭터는 배가 나온 사람입니다. 옛날에는 부를 상징하는 것으로 살찐 사람이 떠오르지만, 현대에서는 살찐 사람은 오히려 자기 관리를 제대로 못하는 게으른 사람으로 비칩니다. 살찐 사람을 사장이라고 하던 일이 이젠 우습게 들리는 시대에 살고 있습니다. 한때 군 장군들 승진에서 배가 나오면 안 된다고 하는 말들이 회자했습니다. 뒤늦게 50줄 나이에 운동에 매달린다는 이야기를 듣고 세상이 많이 변했음을 실감했습니다. 배가 나오거나 살찐 사람에 대해 부정적인 인식이 있습니다.

　공무원의 외모에 대한 시민의 인상은 어떨까? 공무원, 특히 경찰공무원의 마른 체형을 선호할까? 배가 나오고 뚱뚱하게 살이 찐 경찰공무원을 선호할까? 범인을 제압하는 경찰관은 아무래도 날렵한 모습을 바랄지도 모릅니다. 한때 인기 있었던 범죄수사드라마 〈수사반장〉에 형사역으로 등장하던 세 사람의 캐릭터가 기억납니다. 깡마른 민완형사와 뚱뚱하고 맷집이 좋은 형사, 그리고 동네 아저씨 같은 털털한 형사, 세 사람이 각각 형사의 캐릭터로 정형화된 적이 있습니다. 범인제압에 민첩하거나 추리를 하는 민완형사가 필요한 경우가 있는가 하면 완력으로 범인을 제압하는 뚱뚱한 형사도 필요하였습니다. 그런 드라마 속의 인물처럼 경찰관의 체형은 개인적인 문제이지 조직이 꼭 그런 체형의 사람을 뽑는 것은 아닙니다. 하지만 공직자는 최소한의 녹봉으로 살아가는 것으로 아는 국민들은 공직자가 배가 나오고 살이

찐 체형에 대해 일반적으로 거부감이나 불쾌감을 가지는 것 같습니다. 마치 부정축재하거나 백성의 곳간을 뒤져 배를 불린 사람같이 보이나 봅니다. 체질적으로 살이 잘 찌는 사람은 억울한 일입니다. 부패가 만연하던 시절이 있었습니다. 공직자가 불신의 대상이었습니다. 살찐 공직자는 본의 아니게 나쁜 인상을 준 것 같습니다. '경찰관은 시민이 보는 앞에서 돈을 세서는 안 된다'는 말이 있습니다. 그 돈이 자신의 돈이라도 시민들은 달리 볼 수 있다는 것입니다.

김영란법이 입법되어 공직사회가 점점 투명해지는 시대에 왔습니다. 밥 한 공기를 사발 물에 말아먹을 정도의 청빈 공직자가 존경받는 세상에서 청부로 인정받기는 쉽지 않습니다. 부를 쌓는다고 직무전념의 무를 저버린 것이 아닐까 하는 시민의 의구심을 떨쳐버리기가 쉽지 않습니다. 공직과 부(富)는 불가근의 관계가 맞는 것 같습니다.

이런 생각

이런 생각 해봅니다

내가 부족할 때 겸손해집니다
그래서 부족한 게
나쁜 게 아닙니다.

내가 모르고 있어 행복합니다.
그래서 모르고 있는 게
나쁜 게 아닙니다.

내가 덜 가지고 있어 행복합니다
그래서 덜 가진 게
나쁜 게 아닙니다.

그래서
똑똑한 거,
잘 아는 거,
많이 가진 거,
저 세상 갈 때 짐 될 게 분명합니다.

42 문가라작 ^{門可羅雀}

한 무제 때 급암과 정당시는 당대의 현명한 관료로 고위 관직에 올랐고 사람들에게 존경을 받아 매일같이 빈객들이 그들의 집을 드나들었다. 그러나 직간을 서슴지 않는 강직함과 사치를 모르는 청렴한 성품 때문에 시기하는 이들이 많았고 결국 둘 다 벼슬자리에서 파면되고 말았다. 세력을 잃고 집안 형편이 어려워지자 예전에 문이 닳도록 방문하던 빈객들이 모두 떠났다. 사마천은 이를 탄식하며 "세력이 있으면 빈객이 열 배로 늘어나지만 세력을 잃으면 모두 떨어져 나간다. 하물며 보통 사람의 경우는 더 말할 나위도 없다"고 하며 섬서성 하규에 살았다는 적공이 정위의 벼슬을 얻자 문전성시를 이뤘다가 그가 면직되자 집 안팎이 얼마나 한산한지 '문 앞에 참새 잡이용 그물을 쳐 놓아야 할 정도(門外可設雀羅)가 됐다는 적공의 말을 덧붙였다.

··· 급정열전

'문가라작(門可羅雀)'이란 문 밖에 참새 그물을 친다는 뜻으로
집에 찾아오는 이가 줄어든 것을 말함.

門 : 문 문, 可 : 옳을 가, 羅 : 새그물 라, 雀 : 참새 작

혼밥을 두려워 말라

혼밥(혼자 밥을 먹음), **혼술**(혼자 술을 마심), **혼영**(혼자 영화를 봄) 등 혼자
전성시대입니다. 복잡한 세상살이, 얽히고설킨 일상에서 벗어나고픈 욕
망의 표출이기도 합니다. 식당이나 술집에서 혼자 멀뚱히 밥을 먹거
나 술을 마시는 사람에 대한 시선이 곱지 않은 시절이 있었습니다. 외
톨이거나 실연을 했거나 어쨌든 정상적이지 않은 상황으로 비쳐졌습니
다. 특히 연인이나 친구, 가족들이 동반한 영화감상이 아닌 혼자 영화
를 보는 사람은 영화종사자나 영화광이 아니면 도저히 받아들이기 쉽
지 않은 장면이었습니다. 의외로 혼자 영화를 감상하는 사람이 많아졌
습니다. 집단적인 사고와 행동에 익숙한 우리 문화에 비춰보면 극단적
인 개인주의나 사회가 파편화되는 것이 아닌가 우려스럽기도 합니다.

스마트폰이 일상화되면서 SNS로 지나치게 네트워크화 된 현실에서
탈출하고 싶은 욕망의 또 다른 표현이 '혼' 현상 같습니다. 직장에서 식
사시간은 또 다른 비공식 소통의 시간입니다. 동료와 혹은 상하 간 함
께 식사하면서 공식적 접촉에서 못다한 이야기를 보충할 좋은 기회입

니다. 동료와 같이 밥 먹고 싶은 사람에 대한 선택은 자신의 몫입니다. 상사와 같이 밥을 먹는 일은 어쩌면 업무의 연장이라 부담되는 것도 사실입니다. 직장에서 식사시간이 되면 부하직원들이 '○○○님 식사 모시겠습니다. 좋아하시는 거 말씀하시죠?'라는 말과 풍경은 대부분의 직장에서 일상적인 모습입니다. 상사 입장에서는 그런 '모심(?)'에 익숙해져 있습니다. 비즈니스 차원에서 공식적인 식사자리가 아니면 대부분 부하직원들과 어울리게 됩니다. 그러다 보니 혼자 밥을 먹는 일에 익숙하지 않습니다. 혼자 밥을 먹으면 마치 외톨이나 무능한 사람으로 비칠까 싶어 걱정 아닌 걱정을 합니다. 상사로서 오랫동안 직장생활을 하고 직장을 떠난 뒤에 혼자 밥을 먹는 일이 어렵다고 합니다.

경찰은 권력기관이라고 합니다(저는 그 말이 거북합니다. 경찰은 서비스기관이 된 지 오래이기 때문입니다). 일반인들은 경찰관에 대해 다소 껄끄러워하면서 대우하는 것 같습니다. 이런저런 사람을 많이 만나게 됩니다. 소위 관(官)에 있는 사람이라며 상석을 권하고 대우를 해줍니다. 비록 속마음은 다를지라도 필요에 의해서 대우를 하는 것이라고 보면 됩니다. 경찰을 떠난 뒤에는 그런 대우를 받을 수 없는 것은 당연할 것입니다. 그럼에도 직을 떠난 뒤에도 목에 힘을 준다는 소리를 듣는 경우가 있습니다. 특히 고위직에 있었던 사람들은 더 그렇다고 합니다. 개인이 아닌 공인 경찰관에 대한 대우를 자신에 대한 대우로 착각하지 않아야겠습니다. 재직 중일 때에 대우받으며 밥 먹는 문화에 익숙해서는 안 되겠습니다. 김영란법이 시행되어 민간인과 밥 먹는 일도 이제는 가려야 할 때 혼자 밥 먹는 데 익숙해져야 합니다.

내가 죽으면 과연 나 대신 아이들의 학비를 대줄 사람이 몇 명일까 생각해 봅니다. 그렇게 친한 척하며 명함을 건네주던 사람들에 대해 실망할 필요가 없습니다. 일로써 만난 사람은 일이 끝나면 더 이상 만남을 지속시키는 게 쉽지 않기 때문입니다. 정승집 개가 죽었을 때와 정승이 죽었을 때가 다른 것이 세상사입니다. 재직 중에 문전성시는 아니더라도 많은 사람과 친분 관계가 형성된 것을 재산인 양 착각하지 말아야겠습니다. 잠시 맡은 데 불과한 권한이나 권세를 자신의 것으로 착각하지 않아야 엉뚱하게 집 앞에 참새 그물 쳤다고 한탄하지 않게 될 것이기 때문입니다.

43 곡학아세 曲學阿世

　한나라 경제 때 산동사람 원고생이라는 선비는 자신의 주관이 뚜렷하고 절대 그 뜻을 굽히지 않았다. 경제는 중신들의 반대에도 불구하고 그를 등용하였다. 어느 날 경제의 어머니 두태후가 원고생에게 "그대는 노자에 대해서 어떻게 생각하느냐?"고 물었다. 두태후가 노자를 굉장히 존경한다는 것을 모두가 알고 있었지만 원고생은 자신의 뜻을 굽히지 않고 "그것은 노복(奴僕)들의 말에 불과합니다."라고 솔직하게 노자에 대해 부정적인 자신의 생각을 이야기했다. 화가 난 두태후가 그를 돼지우리에 가둬버렸지만 경제는 원고생이 무고하다는 것을 알고 몰래 그에게 단검을 건네주어 돼지를 죽이게 하고 위기를 벗어나게 했다. 이후 원고생이 태부로 임명되고 시간이 흘러 병으로 물러났다. 이후 무제가 즉위하여 아흔 살이 넘은 그를 다시 기용하려 하자 중신들의 질투로 돌려보냈다. 무제의 부름을 받을 때 같이 부름을 받아 등용된 소장 학자가 있었는데 그 역시 산동사람으로 공손홍이라 했다. 공손홍은 원고생을 깔보고 무시했으나 원고생은 개의치 않고 공손홍에게 이렇게 말하였다.

　"공손 선생, 그대는 진언할 때 반드시 유학의 전통을 천명하는 데

힘을 기울이시오. 절대로 자신이 배운 학문을 왜곡하여 세속에 영합
(曲學阿世)해서는 안 되오!" 이 말은 들은 공손홍은 고매한 학식과 인격
을 갖춘 원고생에게 지난 잘못을 사죄하고 제자가 되었다.

… 유림열전

해설

'곡학아세(曲學阿世)'란 학문을 굽히어 세상에 아첨한다는 뜻으로
정도를 벗어난 학문으로 세상 사람들에게 아첨함을 이르는 말임.

曲 : 굽을 곡, 學 : 배울 학, 阿 : 언덕 아, 世 : 세상 세

교육기관 장기근무, 경찰학을 망치는가?

 정권의 정통성이 약하던 시절, 교수나 학자들이 장관으로 입각하거
나 대통령의 참모로 등용되는 사례가 많습니다. 그럼에도 정권의 정통
성을 부정하며 꼿꼿함을 잃지 않으려는 사람들은 관직의 달콤한 유혹
을 뿌리치며 정권퇴진을 주장하고 탄압받는 것을 주저하지 않았습니
다. 따라서 정권에 동참한 학자들에 대해 '어용'이라며 비난하거나 곱
지 않은 시선을 보낸 것 같았습니다. 예나 지금이나 지식인들의 현실
정치 참여는 변절을 의미하듯 일정 거리를 두는 것이 올곧은 학자의
길인 것으로 인식되어 왔습니다. 정권의 정통성이 확립된 오늘날에도

학자나 교수들이 현실정치에 뛰어들고 있습니다. 어용이라는 비아냥거림의 수식어가 붙지 않지만, 여전히 '폴리페서(polifessor)'라며 순수학자와는 다르게 느껴지는 꼬리표를 붙입니다.

지식인이나 학자들이 현실정치, 행정과 같은 경세에 뛰어드는 것이 꼭 나쁘다고만 할 일은 아닙니다. 오랜 세월 연구한 내용을 현실에 접맥시켜 더 나은 세상을 만드는 일이라면 현실세계에 자신의 이론이나 연구내용을 접맥시키는 것이 지식인이나 학자의 사회적 역할이라고 봅니다. 그러나 일부에서는 고매한 학자가 진흙탕 같은 현실에 뛰어드는 것을 곱지 않은 시선으로 봅니다. 어용교수라는 말로 비아냥거림의 대상이 되었습니다. 원고생이 공손홍에게 당부한 것처럼 자신의 이론이나 연구업적 내용을 곡학(曲學)하여 정당성이 결여된 정권이나 이들의 실정(失政)을 가리는 데 이용하는 아세(阿世)를 해서는 안 된다는 지적인 것입니다. 지난날 어용이라고 비난받던 지식인이나 학자들이 그런 잘못된 일을 분식(粉飾)하는 것에 서슴없이 자신을 팔았다는 데 있습니다. 그래서 지식인, 학자, 교수들의 역사인식이 중요한 것이라고 생각합니다.

경찰은 신입경찰관 충원이나 기성경찰관의 재교육을 위한 다양한 교육기관을 두고 있습니다. 4년제 대학체계인 경찰대학, 신임 순경을 양성하는 중앙경찰학교, 기성경찰관에 대한 재교육을 하는 경찰인재개발원뿐 아니라 수사경찰관을 교육하는 수사연수원이 있습니다. 이곳에 근무하는 교수요원들은 그야말로 그 분야에서는 최고의 이론적 지식과 실무경험을 가진 정예요원입니다. 이들은 최소 3년에서 길게는 5년 이상 교육기관에서 근무합니다. 부단한 연구와 현장의 상황을 교육에 반영코자 묵묵히 근무합니다. 최고의 교육서비스를 제공하기 위한 이들의 노력과 의지에 경의를 표합니다. 이들은 자신의 지식과 경험을 결코 곡학하거나 아세하지 않습니다. 그런데 이들에 대해 곱지 않은 시선이 곡학아세의 위험에 노출될까 걱정스러운 면이 있습니다. 장기근무자에 대한 강제방출입니다. 현장의 녹록지 않은 근무여건 탓에 많은 구성원들이 교육기관 근무를 희망하여 선발과정의 경쟁이 만만치 않습니다. 그러다 보니 기존 근무자에 대한 음해성 말들이 나돌게 됩니다. '편하게 교육기관에서 웰빙하는 사람들'이라며 교육기관 장기근무자는 강제순환을 시켜야 한다는 것입니다. 그래서 몇 년 이상 근무자, 교육기관 근무 전체합산 몇 년인 자와 같은 식으로 강제규정을 만들어 방출하곤 합니다. 경찰관 교육을 신념으로 삼고 각고의 노력을 하면서 근무하고 있는 교수요원들에게는 늘 부담요인으로 작용합니다. 정말 아까운 교수요원 자원들이 현장으로 본의 아니게 방출됩니다. 교수요원은 누구나 할 수 있는 일이 아닌데 일선의 장기근무자 폐해를 그대로 적용합니다.

경찰인재개발원에서 오랜 기간 경찰관 감성교육을 하던 교수요원이 있었습니다. 현장에서 심리적으로 피폐해진 경찰관들의 감성을 되살려주고 이들을 힐링시키는 데 베테랑 중에 베테랑입니다. 피교육생들은 누구나 그 교수요원의 우수성과 열정을 칭송했습니다. 그럼에도 장기 근무자라는 잣대로 일선으로 방출되었습니다. 참 안타까운 일이었습니다. 그는 일선 현장으로 나가서도 수요자들의 요구로 동료강사로 출강하면서 재능기부를 했습니다.

장기근무자 순환근무 논리가 교육기관까지 포함하여 모든 부서에 해당하는지 고민해볼 문제입니다. 교육은 백년대계라고 했습니다. 경찰교육은 국가대계입니다. 경찰교육기관 근무자들에 대한 인식의 전환이 필요합니다. 자질과 무관하게 편한 근무지라는 인식으로 경찰교육기관을 희망하는 사람 바로 그들이 곡학아세하는 사람이라는 생각이 듭니다.

☞ 반면에 경찰교육기관으로 발령되면 한직으로 좌천된 것으로 인식하거나 문제성 간부들이 임시 대기부서로 발령되는 풍토가 있었다. 다음 발령을 받아가는 중간과정이라고 생각하는 것이다. 그런 풍토가 없어져야 경찰의 발전된 미래가 있다.

열매

사랑처럼
다가온 그대 손길

따스한 가을 햇살
마주 보며 보듬어

지금 여기 있음을
신께 감사 기도한다

44 계포일락 季布一諾

초나라 항우 밑에서 활약하던 계포는 뛰어난 용맹으로 이름을 날렸다. 그러나 항우가 유방에게 패해 죽자 쫓기는 몸이 되었다. 숨어 지내던 계포는 주가라는 인물에 의해 누명을 벗고 다시 한나라에 등용될 수 있었다. 그 후 계포는 아첨꾼으로 이름난 조구생이란 자를 공개적으로 비판하였다. 이에 조구생이 찾아와 "초나라 속담에 '황금 백 근보다 계포의 대답 한 번이 더욱 값지다'라는 말이 있습니다. 나는 당신과 같은 초나라 사람입니다. 내가 천하를 다니며 당신의 명성을 널리 알린 덕에 당신의 이름이 천하를 떨치게 된 것입니다. 그런데도 어찌하여 나를 그리 거절하시는 겁니까?"라고 말했다. 이때부터 계포는 조구생을 상객으로 대하였고 계포의 명성은 날로 높아만 갔다.

··· 계포열전

'계포일락(季布一諾)'이란 계포가 말이 적은 편이지만
한 번 대답을 하면 반드시 그것을 지켰기 때문에 '매우 귀중한 약속'을 말함.

季 : 계절 계, 布 : 베 포, 一 : 하나 일, 諾 : 승낙 낙

인사 방침은 약속이다

'남아일언 중천금'이란 말이 있습니다. 남자의 말 한마디가 천금처럼
무겁다는 말입니다. 남자든 여자든 말의 중요성을 의미하는 것입니다.
계포가 좀처럼 말을 하지 않지만 한 번 약속하면 반드시 지켰다는 고
사가 갖는 의미를 되새겨봅니다. 지키지 못할 약속은 하지를 말고 한
약속은 반드시 지켜야 할 것입니다. 하지만 세상살이를 하면 약속을
지키는 일이 쉽지만 않습니다. 이런저런 이유로 약속을 깨고 인간관계
가 금이 가고 잘하던 사업을 망치게 됩니다. 정치인의 공약(公約)이 공
약(空約)에 머물고 마는 현실을 많이 목도한 우리도 가끔씩 약속의 가
치를 저버리고 살게 됩니다. 사회지도층인사도 약속을 잘 저버리는데
범인(凡人)인 우리쯤이야 하는 풍조가 생길까 걱정스러운 부분입니다.

인사철이면 '이번 인사는 반드시 업무성과에 따라 공정하게 하겠다.'
라는 말을 자주 합니다. 내부 구성원에 대한 약속입니다. 모두들 그렇
게 되기를 소망합니다. 하지만 인사결과가 나오면 '순진하게 가만히 있

으니 안 됐지.', '누구에게 빽을 쓴 사람이 되었네.' 등등 무수한 말들이 난무하곤 했습니다. 그런 소문과 말들은 인사권자의 약속을 인사철이면 하는 의례적인 말로 치부하기까지 했습니다. 인사의 공정성을 위해 시스템을 개선하려는 갖은 노력에도 잘 정착되지 않는 일입니다. 경찰인사의 공정성이 훼손되고 있다고 다그치는 정치권 인사들도 있습니다만 뒤로는 지역구 민원이라면 인사 청탁을 암암리에 하던 정치인들로 있습니다. 그들의 영향력을 익히 아는 경찰관은 줄대기에 혈안이 되곤 했습니다. 승진하게 되면 반대급부로 정치인의 이런저런 민원을 받아 보답하게 되는 악순환이 됩니다. 빽을 쓴다고 하급직원을 다그치는 고위직 간부들 자신들도 그런 문화에서 한 발짝도 벗어나지 못한 현실이었습니다. 자신조차 인사 청탁의 부채(負債)를 안고 살기 때문입니다. 돈으로 부채가 많으면 신용불량자가 되듯이 신세를 많이 지는 것도 신용불량자가 됩니다. 하지만 경쟁이 치열하니 청탁이 가열될 수밖에 없는 것 같습니다.

구조적인 개선안이 마련되어도 제도는 사람이 운영하는 것이라 허점이 생기고 그 허점으로 둑이 허물어지게 됩니다. 결국 사람의 의지입니다. 자신의 직을 걸고 외압이나 외부청탁을 막아내는 경찰지휘관이 많아져야겠습니다. 계포처럼 한 번 뱉은 말은 죽음을 각오하더라도 지킬 정도의 말을 해야겠습니다. '남아일언 중천금'이 '남아일언 풍선껌'처럼 가볍게 되어서는 안 됩니다. '계포일언'은 인사권을 행사하는 경찰지휘관의 덕목인 것 같습니다.

☞ 인사 관련 외압에 대해 맷집이 좀 세다는 어떤 경찰청장은 고위층의 요구에 대해 자신의 의견을 지나치게 고집하다가 미운털이 박혔다는 소문이 있었다. 그런 경찰청장이 많아야 하지 않을까 하는 생각이다. 하지만 나는 맷집이 그리 세지는 못했던 것이 후회스럽다.

45 배반낭자 杯盤狼藉

제나라 위왕은 초나라의 침략을 받고 언변이 좋은 순우곤을 조나라에 보내 원군을 청했다. 순우곤이 조나라로부터 10만 원군을 이끌고 돌아오자 초나라 군사는 어둠을 틈타 철수하였다. 위왕은 크게 기뻐하고 주연을 베풀어 순우곤을 치하하며 환담을 하였다. "그대는 얼마나 마시면 취하는고?" "신은 한 되를 마셔도 취하고 한 말을 마셔도 취합니다."며 경우에 따라 주량이 달라진다는 말을 하였다. 즉 고관대작들이 지켜보면 두려워 한 되도 못 마시고 취할 것이며 근엄한 친인척 어른들과 마시면 자주 일어서서 술잔을 올려야 하므로 두 대도 못 마시고 취할 것이며 옛 벗을 만나 회포를 풀면서 마시면 대여섯 되 정도 마실 것이나 동네 남녀들과 놀이하면서 마시면 여덟 되쯤에 취기가 오를 것인데 해가 지면 취흥이 일어 남녀가 무릎을 맞대고 신발이 뒤섞이며 '술잔과 접시가 마치 이리에게 깔렸던 풀처럼 어지럽게 흩어지고 (杯盤狼藉)…' 이어서 순우곤은 주색을 좋아하는 위왕에게 '술이 극에 달하면 어지러워지고 즐거움이 극에 달하면 슬픈 일이 생긴다.'며 술자리의 절제를 간언하여 위왕은 술을 마실 때 반드시 순우곤을 옆에 앉혀 놓고 마셨다.

··· 골계열전

'배반낭자(杯盤狼藉)'란 술잔과 접시가 마치 이리에게 깔렸던 풀처럼
어지럽게 흩어진 뜻으로 술을 진탕마시고 노는 모양을 말함.

杯 : 잔 배, 盤 : 소반 반, 狼 : 어지러울 낭, 藉 : 깔개 자

회식, 약인가? 독인가?

술로 인한 일화를 책으로 엮으라면 사람들마다 최소한 한 권의 책
을 만들 수 있을 정도로 인간세상과 더불어 술은 함께 해 왔습니다.
오랜 술의 역사만큼 술로 인한 일들이 많이 일어났기 때문입니다. 주
량으로 사람을 평가하던 시절도 있었습니다. 술로 풀리는 일이 있는가
하면 술로 망치는 일도 다반사였습니다. 전도가 양양한 사람이 술자리
의 실수로 나락으로 떨어지는가 하면 서먹서먹하고 응어리진 일이 술
로 풀리게 되니 정말 신이 인간에게 준 선물이 맞긴 맞나 봅니다. 그래
서 적당한 음주가 삶의 윤활유가 되는 반면 과음이 재앙이 될 수 있
기에 과유불급하지 않아야 합니다.

직장생활에서 술의 주 활동무대는 역시 회식자리입니다. 상하·동료
간 일로써 쌓인 스트레스를 푸는 데 회식만큼 좋은 기재도 없는 게
사실입니다. 회식에서 생긴 갖가지 에피소드가 훗날 또다시 화젯거리
가 되어 끈끈한 관계를 더욱 다지게 하기도 합니다. 그런데 회식이 보
약인 시절이 지난 것 같습니다. 과거엔 술자리 실수로 여기며 관대하

던 일들이 사회적 심판의 대상이 되어 단죄되고 있습니다. 남녀가 동석하던 술자리에서 여성이 분위기메이커라 부르며 당연시 여기던 일들이 성인지 감수성이 떨어지는 행동, 특히 성희롱이 될 수도 있는 행동들이었다는 사회적 인식이 자리 잡고 있습니다. 여직원을 상사의 옆자리에 앉도록 강권하는 것이나 의사에 반한 권주 역시 또 다른 미투의 대상이 됩니다. 자연스럽게 회식을 꺼리는 풍토가 확산되고 있습니다. 연극과 같은 문화활동이 건전한 대안으로 자리하고 있습니다. 그럼에도 아직은 술을 곁들인 회식의 독특함을 대체하기에는 한계가 있는 것 같습니다.

경찰은 계급체계와 제복을 입고 총기를 휴대하는 조직으로 마치 군인들과 같은 조직으로 인식되었습니다. 그 옛날 술을 호기롭게 잘 마시는 장수를 장수다운 장수로 여긴 것처럼 두주불사형의 경찰지휘관을 우러러보며 '술 잘 마시는 사람이 일도 잘한다.'는 근거도 없고 논리도 부족한 말들도 술을 잘 마시지 못하는 사람을 주눅들게 하던 시절이 있었습니다. 회식 다음 날 회의는 전날의 전투(?)무용담이 회의시간의 반 이상을 할애하며 술좌석의 여흥을 달래곤 하던 시절이었던 것 같습니다. 술 잘 마시고 노래 잘하는 사람이 유능한 사람인 것 같은 대접을 받았습니다. 배반(杯盤)을 낭자(狼藉)한 차원을 넘어 술자리는 마치 원자폭탄 투하현장 같은 경우도 있었습니다. 술에 취해 흥이 오르면 넥타이를 머리띠로 두르고 테이블 위에 올라 춤을 출 정도이니 배반낭자는 당연히 그려지는 그림이었습니다. 그런데 그런 배반낭자를 위한 비용을 생각하면 씁쓸해집니다. 그때 그 시절 과연 누가 그 비용을 부담했는지 자문해보면 머쓱해집니다. 소위 국가 공무원의 노고를 격려하려는 애국지사들의 아낌없는 기부가 전제되었을 것입니다. 물론 먼 과거의 이야기입니다. 미투에 휘말릴까 두려워 회식을 꺼리는 지금과 비교하면 상상하기 힘든 회식문화였습니다. 요즈음은 회식이 있더라도 상사가 당연히 회식비를 부담하고 일찍 자리를 비워줘야 예쁜 꼰대로 대우받는 세상입니다. 부작용이 많다고 회식을 회피하는 풍토는 지양되어야 할 것입니다. 특히 팀플레이가 많은 경찰업무의 특성상 회식과 같은 스킨십을 도외시하여 개인주의적인 직장 분위기가 만연되어서는 안 될 것 같습니다. 회식이 보약이 될지 독이 될지 아직은 아슬아슬한 상황이지만 바람직한 회식문화를 위해 다 같이 고민해야 할 것 같습니다. 경찰만의 독특한 회식문화가 필요하다고 생각합니다.

눈 내리는 새벽

언제까지나 사랑하겠노라고
밤새 속삭이다
야속하게 서둘러 떠난 빈자리에

시린 잉크 빛 까만 점이
앞다투어 창문을 두드린다

반쯤 열린 눈꺼풀 사이로
겨울 까치 한 쌍
은빛 장옷 차려입고 슬며시 다가선다

삽살개 풀쩍풀쩍 뛰놀기 전에
어여 일어나 버선발로 뛰어나가
솜털마당 사뿐사뿐 밟고 싶은데

아랫목 구들장 사지 붙들고
낡은 시계바늘이 어김없이 돌아간다
아직도
눈 내리는 새벽이 설레는 걸 보니
내 중년은 꽃 중년인가 보다.

46 무립추지지無立錐之地

　초나라 우맹(배우맹)이라는 사람은 8척 장신으로 유머에도 능한, 요
즘으로 치면 농구선수 출신 서장훈과 같은 예능인이었다. 초왕이 자
신의 애마가 죽자 신하들에게 상복을 입히도록 하는 등 장례를 거창
하게 치르려 하자 오히려 군주의 예를 갖추도록 하여야 한다고 진언을
하여 철회시키고 요리하여 먹도록 하였다.

　청렴하였던 재상 손숙오가 죽으며 아들에게 자신이 죽은 뒤 가난해
서 살기 힘들 때 우맹을 찾아가라고 하였다. 손숙오 아들의 빈곤한 처
지를 듣고 우맹은 손숙오의 의관을 입고 다니며 흉내를 냈다. 초왕은
손숙오가 살아온 것 같이 그리워하며 우맹을 재상으로 임명하려 하자
"저는 재상을 맡지 않는 것이 좋을 듯합니다. 일찍이 손숙오 대감께서
도 재상으로 충성을 다하시고 또 청렴결백했기 때문에 대왕께서 천하
의 패자로 군림하시게 되었습니다. 그러나 그분이 돌아가시자 그 아들
은 송곳 하나 꽂을 만한 토지도 없고(無立錐之地) 가난에서 헤어나지
못한 채 나무를 팔아 생계를 잇고 있습니다. 만약 손숙오 대감처럼 되
어야 한다면 차라리 죽는 편이 나을 것입니다."라고 말하여 왕은 사과
하고 손숙오의 아들에게 4백호의 땅을 주어 제사를 지내도록 하고 이
후 10대 가문이 번성하게 되었다.

… 골계열전

'무립추지지(無立錐之地)'란 송곳 하나 세울 수 없을 정도의 땅을
뜻하는 것으로 관리의 청렴함을 말함.

無 : 없을 무, 立 : 설 립, 錐 : 송곳 추, 之 : 갈 지, 地 : 땅 지

경찰관의 재테크, 어디까지 용인될까?

청백리 하면 황희 정승을 떠올립니다. 무려 24년 동안 재상을 하며
요직을 다 섭렵했으니 인물이었던 것은 확실합니다. 그런데 한편에서
는 세종대왕은 황희 정승이 큰 사고를 자주 쳐서 골머리를 앓았다는
설도 있습니다. 각종 뇌물사건은 물론 친인척비리 등 갖은 공직비리로
파면을 반복했지만 세종이 그의 능력을 인정하여 다시 등용하고 했다
는 것입니다. 정사든 야사든 황희 정승에 대한 평가가 엇갈리지만 예
나 지금이나 공직자의 청렴은 제일 중요한 덕목임은 확실합니다.

경찰입문 당시 면접관이 '淸白吏'라는 글자를 보여주면서 읽고 뜻을
말해보라고 질문을 했습니다. '吏'를 '史'로 읽는지 지적수준을 테스트
함과 동시에 청백리에 대한 개념을 알고 그에 따른 공직자로서의 자세
를 확인해보려는 취지의 문제였던 것 같습니다. "청렴결백한 관리입니
다"라고 대답하였고 지금은 정년퇴직하신 경찰대학의 교수님이셨던 면
접관께서는 "박 군도 앞으로 그런 경찰간부가 되길 비네"라고 말씀하

셨던 것이 기억납니다. 10대에 공직이 무엇인지를 잘 모른 채 입학 면접시험 질문의 답을 했지만, 그때 면접관이신 은사님의 말씀은 30년 넘게 공직생활을 하면서 준거로 작용한 것 같습니다. 공직자의 청렴은 쉬운 일이 아닙니다. 나무는 가만히 있고 싶으나 바람이 흔든다는 말처럼 갖은 유혹과 얽히고설킨 인간관계가 공직자의 마음을 흔들게 됩니다. 공직자 스스로가 더 부패에 앞장선 사례도 있습니다. 영화 〈투캅스〉와 같은 일들이 실제에서 일어나지 않는다고 큰소리치기 곤란한 것도 사실입니다. 처음부터 축재나 부정을 하고자 공직에 발을 들여놓는 사람은 없을 거라고 생각합니다. 고위공직자의 인사청문회는 공직자의 축재과정이 주요 검증과 논란의 대상이 되는 시절이 되었습니다. 그만큼 공직의 청렴성이 중요한 검증요소라고 여기기 때문입니다. 공직자의 행동준거가 시대상황에 따라 달라서 벌어진 일인지 모릅니다. 공직자의 청렴성을 어느 시기이든 가장 중요한 덕목으로 여기는 것은 맞는 것 같습니다. 공직자의 재산은 어느 정도가 적정한가에 대해 자문해 봅니다. 공직에 입문하여 축적된 재산뿐 아니라 부모로부터 물려받은 재산이든 공직자의 재산이 일반 국민의 평균을 넘는 재산에 대해서는 곱지 않은 시선이 있습니다. 청빈(淸貧)함이 존중받듯이 청부(淸富)도 존중받아야 한다고 합니다만 이를 전적으로 받아들이는 국민정서는 아닌 것 같습니다. 공직의 염결성(廉潔性)은 공직에의 전념과 공정한 업무수행, 그리고 권한을 남용하지 않음으로써 유지될 수 있습니다. 축재를 위해 주식 투자나 부동산 투자 등을 하면 염결성이 훼손된다고 봐야 합니다. 국민정서상 그런 투기성 일은 하지 않아야 하는 것입니다. 그래서 공직자의 녹봉(월급)은 늘 국민의 관심입니다.

80년대 중반, 경찰 입직 첫 월급인 경위 1호봉이 18만 원이었습니다. 짜장면 한 그릇이 500~600원 하던 시절이니 지금 환율로 따지면 180만 원 남짓한 돈이었던 것 같습니다. 초급간부 월급이 그 수준이니 순경공채 입직자들은 그 1/3 수준일 것입니다. 당시엔 의무적으로 재형저축이라는 국가적 시책으로 일정 금액이 원천 징수되어 실제 수령액이 채 8만 원도 되지 않았던 것 같습니다. 요즘으로 치면 90여만 원을 수령했습니다. 88올림픽 이후 호황을 계기로 경찰공무원의 월급이 거의 두 배 정도 올랐습니다. 지금은 수당제도가 좋아져서 경찰관 급여가 대기업의 70~80% 수준에 올라선 것 같아 다행입니다.

　위험직군에 종사하는 군인, 소방관, 경찰관에 대한 처우의 수준은 바로 선진국인지를 가늠하는 것입니다. 특히 부패에 연루되기 쉬운 직종일수록 급여나 복지혜택을 단단히 하여 생계형 부패를 원천적으로 차단할 필요가 있다고 봅니다. 요즘은 대부분 맞벌이로 더블인컴(Double-income)을 통해서 경제적인 부족함을 채우면서 공직생활을 하는 경우가 많습니다. 부업을 하는 경우도 있지만 공직자의 부업과 업무 연관성을 완전히 떨쳐버리기가 쉬운 일은 아닙니다. 국민 세금으로 충당하는 공직자의 봉급을 넉넉히 줄 수 없는 것이 현실입니다.

　공직자, 특히 경찰공무원의 재산이 어느 정도가 적정할까 생각해봤습니다. 공직자윤리법상 재산등록대상이 있습니다. 대개가 중앙부처 기준으로 5급사무관 이상이면 등록대상입니다. 경찰계급으로 치면 중간간부인 경정급에 해당합니다. 그럼에도 경찰은 8급 정도인 경사 계급부터 등록대상으로 분류됩니다. 입법 당시의 기준으로 보면 하위직이지만 실질적인 현장의 영향력이 센 사람으로 인식되었던 것 같습니다. 20여 년이 지난 지금도 등록대상은 변동이 없습니다. 지금의 경사 계급은 경찰 입직 후 10여 년이 채 안 되어 과거보다 승진이 빠릅니다 (과거 경사계급은 30년을 한 경우가 대부분이었습니다). 경사 계급의 대부분은 30대 후반인데 이들의 재산이라고는 조그만 전셋집을 전전하거나 그것도 융자받아 반은 빚인 상태입니다. 이들조차 해마다 빈약한 재산을 체크당하고 있어 정기등록 때가 되면 볼멘소리들을 합니다. 빈한한 재산을 드러내는 것 같아 자존심이 상한다고 합니다. 그럼에도 저는 그런 제도 유지에 찬성하는 입장입니다. 국민은 일반공무원보다 더 높은 도덕적 수준을 경찰공무원들에게 요구합니다. 같은 비위라도 경찰 공무원이 비위를 저지르면 더 가혹하게 징계처분을 하는 것도 같은 맥락입니다. 내부적인 불만은 있지만 그게 맞다는 생각입니다. 무립추지 지(無立錐之地)의 마음으로 공직을 수행해야 하는 것이 경찰공무원의 자세가 아닐까 생각됩니다. 경찰공무원으로 30여 년 근무 후 퇴직할 경우 입직 당시와 비교하여 어느 정도의 재산이 적정할까? 자녀들 학업을 마치게 하고 부부가 연금으로 노후를 지내며 살 수 있는 조그만 아파트 한 채가 있다면 최고로 적정한 것 아닐까 생각됩니다. 송곳 하나 세울 땅이야 당연히 없는 상태입니다. 그런데 아파트도 아파트 나름이라 쉽게 단정하기는 곤란합니다. 아무튼 공직자의 길로 들어선 이상 부를 누리겠다는 생각은 하지 않는 것이 어려운 공직을 선택한 취지에 맞게 살아갈 수 있다고 봅니다.

☞ 과다재산을 보유한 공직자들을 공직에서 강제 퇴출되던 시절이 있었다. 부모재산이나 부인 등 가족의 정당한 경제활동을 통해서 축적한 재산도 단지 과다재산 보유자라는 이유로 퇴출되었다. 공직자와 청부는 여전히 맞지 않는 조합이다.

47 빙탄불상용 氷炭不相容

한무제의 신하 중에 동방삭이 있었다. 그는 자유분방하였으나 박학다식하여 무제의 좋은 이야기 상대였다. 언제나 궁에서 먹고 지냈는데 임금과 식사를 하고 남은 음식이 있으면 집으로 가져갔고 하사받은 의복은 어깨에 걸러 메고 퇴근하는 묘한 행동을 했다. 사람들은 그를 미친놈이라고 했으나 본인은 태연하게 지냈다. 동방삭은 자신의 직분을 물으면 은자라며 어지럽고 혼란스러운 세상을 시문으로 풍자하였다. 그중 굴원을 추모하여 '사람의 일은 불행을 슬퍼하면서도 수명은 천명에 속하는 바 함지에 위임한다. 몸은 병들어 쾌유되지 않은 체이고 마음은 들끓어서 뜨거운 물과도 같다. 얼음과 숯이 서로 같이할 수 없음이여(氷炭不可以竝相兮)'라고 썼는데 곧 충성스러움과 아첨은 함께 있을 수 없다는 것을 비유한다.

… 초사

'빙탄불상용(氷炭不相容)'이란 얼음과 불은 성질이 반대여서 만나면
서로 없어진다는 뜻으로 군자와 소인이 서로 화합하지 못한다거나
충성과 아첨은 같이 할 수 없다는 말임.

氷 : 얼음 빙, 炭 : 숯 탄, 不 : 아닐 불, 相 : 서로 상, 容 : 담을 용

순혈주의냐? 이종교배냐?

물건이든 사람이든 서로 궁합이 맞아야 한다고 합니다. 물과 기름이
서로 혼합이 안 되는 것같이 사람과도 서로 맞지 않는 경우가 있습니
다. 미신이라며 배척하다가도 혼인을 앞둔 남녀에 대해 사주풀이를 통
해 궁합을 보는 것이 비일비재합니다. 역술가들은 미신이 아니라 통계
적인 것이라며 궁합의 과학성을 주장하기도 합니다만 어쨌든 인간관
계도 성격상 차이든 성장과정의 문화적 환경의 차이든 갈등의 이면에
는 궁합이 맞지 않은 경우가 아닌가 하는 생각이 듭니다. 부부관계도
궁합이 맞아야 하지만 직장에서 동료나 상하 간도 왠지 이유 없이 서
로 맞지 않아 출근하기가 싫다는 사람들이 있습니다. 그럼에도 마음
에 맞는 사람하고만 지낼 수 없는 것이 직장생활이고 사회생활인지라
함께 맞춰가는 지혜를 터득하면서 지내야겠습니다. 피를 나눈 형제자
매도 갈등이 있는데 하물며 피도 나누지 않은 사람들이 서로 잘 맞기
를 바라는 것은 넌센스입니다.

그렇다면 조직에서는 어떨까요? 같은 학교, 입직 경로가 같은 사람이 있는 조직이 건강한 조직으로 발전 가능성이 클까요? 다양한 입직 경로의 사람들이 한데 어우러져 일하는 것이 더 나은 조직일까요? 즉 조직이 순혈주의로 가야 하는지 이종교배를 해야 생명력이 강한지에 대한 논란이 많습니다. 생물진화론자들은 서로 다른 종이 교배를 해야 생존력이 강하다고 합니다. 그럼에도 역사 이래로 인간사는 순혈주의를 지향한 것 같습니다. 왕족과 귀족들이 자신들의 특권을 누리기 위해 그들만의 리그로 세대를 이었습니다. 혹시 천한 신분집단과 혼인을 하는 일은 파문을 시키거나 천한 신분의 사람을 살해하기도 하였습니다. 마치 얼음과 숯덩이가 서로 맞지 않은 것처럼 순혈주의를 지향했습니다. 근친결혼도 흔히 이루어졌습니다. 그런데 이러한 순혈주의는 유전학적으로 열성의 후손을 낳거나 기형 또는 정신적인 장애상태의 후손이 나타나곤 했습니다. 오히려 천한 신분이라는 노예나 천민과 맺은 후손들이 뛰어난 인재로 나타난 경우가 있었습니다. 현대 사회에서도 인도의 힌두교에서는 불가촉천민제도로 혈통의 순수성 유지나 인적 장벽을 만들고 있으니 아직도 인류는 진화를 더 경험해야 하는 모양입니다.

　군의 장교들이 사관학교 출신이 주류를 이루던 시절이 있었습니다. 그들만의 리그를 만들어 학군장교나 삼군사관학교 또는 다른 입직 경로의 장교들의 장성 진급에는 한계가 있던 시절입니다. 하나회와 같은 폐단이 있었습니다. 이제는 사관학교 출신들이 오히려 역차별을 받는 듯한 분위기입니다.

　경찰도 경찰대학이 설립되고 30여 년의 세월이 흘렀습니다. 그들만의 리그가 되었다고도 하고 선후배가 서로 끌어주어 다른 경찰관들의 승진 장벽이 높아졌다는 비판이 제기됩니다. 주어진 입장에서 최선을 다해 치열한 경쟁을 하는 경찰대 출신 경찰관들의 입장에선 혜택을 느끼지 못하기도 하고 억울함도 느끼겠지만 제3자의 시각에서는 비판과 견제가 당연한 것 같습니다. 지속적인 경찰대학 폐지 주장이 재기되었습니다. 우수한 자원의 충원통로인 경찰대학이 특혜의 상징이 되었습니다. 경찰은 다양한 입직 경로의 사람들로 구성되어 있지만 이들이 점점 빙탄과 같은 사이로 변질되는 것을 묵도하게 됩니다. 누구의 잘못이라고 비판할 대상이 아닙니다. 제도가 문제였던 것으로 판단하고 경찰대학 입학 경로의 다양화를 모색하고 있습니다. 일반 고교졸업생, 순경재직자, 일반대학재학생 편입학 등 순혈주의를 지양하고 이종교배를 시도하고 있습니다. 인위적인 이종교배가 생존력을 높이고 제도가 목표하는 바를 달성할지 미지수입니다. 자칫 우수자원들을 놓치는 우를 범하는 것은 아닌지 우려스럽습니다. 어느 조직이든 엘리트의 양성은 조직의 장래를 위해 필요한데 지나치게 순혈주의의 폐단만 부각시킨 것은 아닌지 모르겠습니다. 순혈주의가 만연되어서는 생존력이 떨어지는 것은 역사적으로 옳다고 생각합니다. 그러나 엘리트에 대한 지나친 부정적인 인식도 경계해야 합니다. 입직 경로가 다른 구성원들이 얼음과 숯덩이 관계가 되지 않도록 승진, 보직, 조직문화 등에서 동질감 유지를 위한 지속적인 노력이 필요할 것 같습니다.

☞ 81년 개교 이래 사관학교 같은 운영체계를 유지하던 경찰대학도 역사 속으로 사라질 날이 머지않았다.

행복 돋보기 사용법

크게 잘 보이는 것을
왜 자꾸 돋보기로 보려하지? 더 흐려질텐데

돈, 명예, 권력은 돋보기로 보는 게 아냐
더 흐리게 보이기 때문이지
그런 건 멀리 두고 봐야 해

아내의 작은 손에 돋보기를 대봐
오랫동안 보지 못한 따뜻한 온기가 보일거야

친구의 움츠린 가슴을 들여다봐
함께했던 젊은 날 푸른 꿈을 품고 있는 게 보일거야

계절 끝에 놓인 꽃과 바람의 몸짓을 살펴봐
신께서 소리없이 보내주신 향기가 보일거야

소소한 일상일수록 돋보기로 봐야 해
진짜 행복은 그곳에 있거든

48 구우일모 九牛一毛

사마천은 흉노를 정벌하러 나섰다가 중과부적으로 패한 한나라 장수 이릉이 흉노에 투항한 것을 두고 분개한 한 무제에게 "소수의 보병으로 수만 오랑캐와 싸우다 흉노에게 투항한 것은 훗날 황은에 보답할 기회를 얻기 위함일 것입니다."라고 변호했다가 궁형(생식기를 잘라내는 형벌)을 당했다. 사마천은 참담한 심정으로 친구 임안에게 편지를 써서 "내가 법에 의해 사형을 받아도 아홉 마리의 소 중 터럭 하나(九牛一毛) 없어지는 것일 뿐이니 나와 같은 자가 땅강아지나 개미 같은 미물과 무엇이 다르겠는가? 그리고 세상의 사람들은 내가 이런 수치를 당하고도 죽지 않았으니 졸장부라 여길걸세"라고 하였다.

··· 임안에게 보내는 편지

'구우일모(九牛一毛)'란 아홉 마리 소에 털 한 가닥이 빠진 정도라는 뜻으로
아주 큰 물건 속에 있는 아주 작은 물건이나 대단히 많은 것 중에
아주 적은 것을 비유하는 말임.

九 : 아홉 구, 牛 : 소 우, 一 : 하나 일, 毛 : 털 모

경찰 무한동일체의 원칙

인해전술(人海戰術)을 기억할 것입니다. 6·25전쟁 당시 압록강까지
진격한 유엔군이 중공군의 개입으로 다시 밀려 1·4후퇴를 하였습니
다. 엄청난 병력이 꽹과리를 치고 피리를 불며 남하하던 그들은 마치
사람이 바다를 이루듯이 많아 유엔군을 질리게 했던 전술입니다. 어
쩌면 인해전술(人害戰術)이 맞는 것 같습니다. 사람이 파도처럼 밀려오
더라도 그것을 막기 위해 전투를 하면 많은 사람이 피해를 입을 것인
데 워낙 인구가 많은 중공군으로서는 그것에 크게 구애받지 않은 것
같습니다. 아무리 전장이지만 사람의 목숨이 가벼이 취급한 전술입니
다. 사마천이 자신의 목숨이 한낱 아홉 마리 소에게서 털 한 개 정도
에 불과함을 말한 것처럼 그때 소리 없이 죽어간 병사들도 구우일모
(九牛一毛) 같았을 것입니다.

경찰은 공무원 조직 중에서 육군을 제외하면 가장 많은 인원입니다

(직업군인으로만 따지면 육군보다 많다). 의경을 제외하더라도 대략 12만 명입니다. 거대한 조직이라 할 수 있습니다. 가지 많은 나무 바람 잘 날 없다는 말처럼 경찰관이 직무내외를 불문하고 이런저런 일로 시민들에게 비난을 받는 경우가 많습니다. 문제는 경찰관 한 명의 행위로 전체 경찰관이 매도당하는 일이 비일비재합니다. 때로는 상급자들조차 책임에서 자유롭지 못해 문책을 당하기도 합니다. 검사동일체의 원칙은 검사의 수사활동의 동일체에 국한되지만 경찰은 무한동일체의 원칙으로 평가될 경우가 많습니다. 시민들뿐 아니라 경찰지휘관들도 아무리 하위직 경찰관이라도 경찰을 중공군의 인해전술에 동원된 듯이 경찰관 한 사람을 가볍게 여겨서는 안 됩니다. 경찰관 한 사람이 바로 국가를 상징하기 때문입니다. 개개인의 경찰관은 늘 경찰을 대표하는 사람이라는 생각으로 행동에 주의할 필요가 있습니다. 하위계급이고 그 많은 경찰관 중에 한 명에 불과한 구우일모(九牛一毛)라는 생각을 해서는 안 됩니다. 일반인과 경찰관이 걸어가면 사람 한 명과 경찰관 한 명이 걸어간다고 합니다. 경찰관으로 입직하는 순간 경찰조직의 일원이면서 경찰의 전부라는 생각을 견지해야 합니다. 간부니 비간부니 지휘부니 현장맨이니 하는 편가름이 있는 것을 국민이 원하지 않습니다. 국민은 그 모두를 경찰이라고 알고 있습니다.

☞ 한때 깡통계급이라는 말로 하위직 경찰관들이 자신들을 비하하던 말이 있었다. 경사 이하 경찰관들의 계급장이 무궁화 잎이고 가벼운 재질로 만들어진 반면 경위 이상 간부들 계급장 무궁화 꽃 모양으로 재질도 묵직하기도 하였다. 이제는 경사 이하 계급장이 피기 직전의 무궁화 봉우리다. 경찰 제복에 계급장이 필요한지에 대한 논의는 진행형이다.

49 일자천금－字千金

　　진(秦)나라 태자 정이 즉위하여 진시황이 되자 진시황의 아버지 장양왕이 조나라에 인질로 있을 때부터 뒷바라지해준 여불위가 권세를 누렸다. 위나라 신릉군과 같은 사람들은 많은 식객을 거느리고 있었는데 여불위는 강한 진나라가 그들에게 못 미치는 것을 부끄러워하며 재주 있는 선비들을 불러 모아 견문을 쓰게 하여 천지만물과 고금의 일 등을 망라하여 20여만 자로 된 책을 만들고 이를 '여씨춘추'라고 불렀다. 그 책을 널리 알려서 그 책 위에 천금을 걸어두고 제후나 유세객들에게 '한 자라도 첨삭할 수 있는 자가 있다면 천금을 주겠다(－字千金)'고 하였다.

… 여불위열전

'일자천금(一字千金)'이란 지극히 가치 있는 훌륭한 문장을 뜻하며
한마디 말로 천 냥 빚을 갚는다는 의미도 있는 말임.

一 : 한 일, 字 : 글자 자, 千 : 일천 천, 金 : 쇠 금

백 통의 문자보다 강한 짧은 손편지

한때 인기 있던 TV 예능프로그램 중에 〈삼시세끼〉라는 프로그램이
있었습니다. 한적한 농어촌 마을에서 연예인 몇몇이 모여서 밥을 해먹
는 프로입니다. 출연자들인 연예인들의 소시민적 모습을 연출 없이 자
연스럽게 보여준다는 점에서 호기심과 재미를 더해준 프로였던 것 같
습니다. 그런데 더욱 공감을 불러일으키는 것은 빛의 속도로 빨라지는
디지털 시대에 시간과는 동떨어진 느림의 미학을 느끼기 때문이 아닐
까 생각했습니다.

하릴없는 일상을 보내며 때가 되면 몇 가지 식재료를 가지고 끼니를
챙겨 먹는 인간의 모습이야말로 원시 시절부터 내려오는 인간의 원형
입니다. 먹기 위해서 일을 하는 것이 인간노동의 근본일진데 현대인은
마치 일하기 위해서 먹는 것처럼 식사시간도 아끼면서 일을 하는 모습
입니다. 빛의 속도와 같은 빠름에 대한 반동으로 아날로그적인 삶을
원하는 사람들이 늘어나고 있는 추세입니다. 〈삼시세끼〉도 어쩌면 아
날로그적인 삶의 향수를 불러일으키는 것이라고 볼 수 있습니다.

디지털 시대의 풍경을 가장 많이 반영하는 것이 편지 문화입니다. 문자와 카카오톡이 편지를 대체한 것 같습니다. 문자와 카카오톡으로도 장문의 글을 보낼 수 있지만, 대개 단문으로 즉시에 서로 주고받는 일은 참을 수 없는 존재의 가벼움만큼 깊이도 느낄 수 없는 게 사실입니다.

경찰의 행정행태도 디지털 시대에 빠르게 발맞춰 진화해가고 있습니다. 30년 전 입직 당시, 상급부서에서 여러 곳의 하급부서에 업무지시를 할 경우 대부분 하급부서에서 상급부서로 등청을 하거나 시급한 업무인 경우 일제전화(일제전화란 일본제 전화를 의미하는 것이 아니고 하급부서에서 수신만 가능한 전화기임)라는 형태로 지시하였습니다. 시간을 단축시켜 신속한 업무지시에 당시로써는 효과적이었던 일제전화는 등청보다는 분명 효과적이었지만 요즘 기준으로 따져보면 저급한 기술로 인한 문제도 만만찮았습니다. 일제전화는 상급부서의 전화기 1대로 하급부서 여러 곳과 동시에 연결하여 지시하는 것입니다. '一 : 多'의 통화에서 오는 기계적 결함으로 잡음이 많고 혼선이 되는 경우가 부지기수였습니다. 지시하는 부서에서는 하급부서의 지리적 거리감을 큰소리로 하면 된다고 생각했는지 목청껏 고함을 지르며 지시를 합니다. 지시를 듣는 하급부서 중에서는 잘 들리지 않는다며 불편을 토로하는 경우도 흔한 모습이었습니다. 일제통화가 끝나고 다시 전화를 걸어서 확인하는 일도 비일비재했습니다. 업무의 속도감이나 효율면에서 지금 기준으로 치면 상당히 뒤떨어지는 행정행태였습니다. 심지어 전화기 옆 레버를 돌려서 통화를 연결하는 자석식 전화기가 사용되곤 했습니다. 지금 세대들에겐 박물관에서나 볼법한 전화기입니다. 스마트폰 시대의 기준으로 보면 아마존 원시인과 같은 연락문화입니다. 지금은 단체톡방, 대량문자 발송으로 스피디하고 효과적인 업무 연락을 합니다.

상부와 상사에게 보고도 그런 식으로 이루어집니다. 아울러 '수고했습니다'와 같은 즉각적인 상부나 상사의 격려성 문자가 돌아갑니다. 일방향의 과거와 달리 쌍방향의 커뮤니케이션이 소통을 원활히 한다는 긍정적인 효과도 있습니다. 문자나 톡을 주고받는 일은 스피드감과 효과성에도 불구하고 왠지 의례적이고 일회적인 느낌을 떨쳐버릴 수 없습니다. 상사가 부하직원에게 면전에서 또는 전화로 육성을 통해 '수고 많았어요', '참 잘해냈습니다'와 같은 칭찬과 덕담은 그 어떤 표현의 문자나 톡보다 가슴에 와 닿을 것입니다. 그런데도 익숙한 문자문화에 젖어 그런 육성 의사표현이 점점 멀어져가고 있어 아쉽기만 합니다.

중간간부 시절 타 부서로 발령받아가면서 직속 상사였던 경찰서장으로부터 손편지를 받은 적이 있습니다. 권위주의 문화가 만연되어있고 군사문화 같은 이임신고식, 전별 회식, 전별금 전달 등이 횡행하던 시절, 경찰서장은 떠나는 저에게 봉투를 하나 주었습니다. 후덕한 상사가 부하에게 주는 전별금 봉투로 여기고 감사해 하며 받았습니다. 새 임지에서 뜯어보았습니다. 봉투 속에는 저의 기대감(?)과 달리 하얀 편지지에 달필로 써내려간 편지 1통이 있었습니다. '그동안 같이 근무하며 즐거웠고 수고가 많았다. 열심히 해서 조직에 필요한 간부가 되었으면 한다. 그렇게 되리라 믿는다.'는 내용이었습니다. 편지를 읽어내려가면서 경찰서장에 대해 무한한 존경심을 느꼈습니다. 아버지뻘이었던 경찰서장이 마치 자식에게 당부하는 편지 같았습니다. 어떤 전별금보다 오랫동안 사용한 거금을 받았었습니다. 조직생활을 하며 힘들고 흔들릴 때면 한 번씩 꺼내보며 마음을 다지곤 했습니다. 그야말로 한 자 한 자가 천금보다 소중한 일자천금(一字千金)과 같은 선배경찰의 마음이 담긴 손편지였습니다.

사탕발림 같은 칭찬과 허례허식이 난무하는 스마트폰 시대입니다. 경찰지휘관들이 내부구성원에게, 지역을 담당하는 경찰관이 관내 시민들에게 손편지로 하고 싶은 말들을 보낸다면 어떤 효과가 있을까 생각해봅니다. 상상하는 일만으로도 가슴이 두근거려옵니다. 빛의 속도 시대에 빠름이 좋은 것만 아니라는 문화운동이 일어난다면 치안에도 도움이 되지 않을까 생각해봅니다.

☞ 20년 전 손편지를 건네줬던 경찰서장은 부하직원들의 존경을 받으며 근무하다가 정년퇴직을 하고 고령의 나이에도 불구하고 지역사회에서 봉사활동을 하며 여생을 의미 있게 살아가고 계신다.

하늘, 별, 시 그리고 차 한 잔의 여유

낮이 두려웠습니다
삶이 팍팍해질까
긴-밤을 지새워봤습니다
시간이 외로워질까

마구 마구 노래했습니다
詩마저 미완일까

그래도 내겐
조그만 하늘이 있습니다
반짝이는 별이 있습니다
찻잔 속에 반쯤 젖은 詩도 있습니다

아! 내가 살아가는 이유
하늘, 별, 詩
그리고 차(茶) 향기였습니다

50 지록위마 指鹿爲馬

　진시황의 환관 조고는 시황제가 죽자 태자인 부소를 후계자로 삼으라는 유언을 위조해 오히려 부소를 죽이고 어리고 어리석은 호해를 내세워 황제로 옹립한 후 호해를 환락에 빠지게 하고 자신이 권력을 마음대로 행사하였으며 이사와 같은 원로대신들마저 처치하고 자신이 승상이 되었다. 조고는 경쟁자들을 제거하기 위해 어느 날 호해에게 사슴을 보이면서 "제가 폐하를 위해 좋은 말을 구했습니다."라고 말했다. 호해가 사슴을 가리키며 "말이라고(指鹿爲馬) 합니까?"라고 의아해하자 조고는 대신들에게 말인지 사슴인지 물었다. 조고의 위세에 눌린 대신들은 대부분 사슴을 말이라고 말하였고 사슴이라고 한 사람은 죄를 씌워 죽였다. 그 이후 누구도 조고의 말에 반대하는 사람이 없었다.

··· 진시황본기

'지록위마(指鹿爲馬)'란 사슴을 가리켜 말이라고 한다는 뜻으로

윗사람을 농락하여 권세를 누리거나 옳지 않은 것을 억지로 강요한다든가

우기는 것을 말함.

指 : 가리킬 지, 鹿 : 사슴 록, 爲 : 하 위, 馬 : 말 마

사슴을 말이라고 우기면 누가 제지해야 하나?

권력은 부모 자식 간에도 나눌 수 없다고 합니다. 절대권력은 절대 부패한다고 합니다. 정치는 따지고 보면 권력을 잡기 위해서 하는 활동입니다. 권력투쟁은 인간세계는 물론 동물의 세계에도 있습니다. 권력투쟁은 서열을 필요로 하는 곳이면 어김없이 등장합니다. 춘추전국시대 수많은 유세가들은 권력자들을 찾아가서 더 큰 권력을 쟁취하는 방법을 유세합니다. 자기가 유세한 사람이 권력을 쟁취하면 그에 따른 전리품을 얻게 됩니다. 더 큰 권력을 쟁취하면 권력을 유지하기 위해 여러 가지 방책을 쏟아놓습니다. 권력자의 수명은 그가 권력을 쟁취하고 쏟아놓은 방책에 좌우되는 것 같습니다. 엄한 법이 필요하다고 주창한 유세가의 의견을 듣고 나라의 기틀을 세워 장수하는 경우가 있는가 하면 인의로써 덕치를 하여 장수하는 경우가 있습니다. 대개가 인(仁)으로써 다스린 자는 장수하나 무능, 강압과 폭정을 취하여 권력을 누린 권력자는 결국 반란이나 내부 모반에 의해 무너집니다. 처

음에는 좋은 의지로 천하를 통일한 권력자가 강압과 폭정으로 변질되어 가는 것입니다. 그곳에는 늘 간신배가 자리하고 있습니다. 권력자의 눈을 가리고 귀를 막아 자신의 입지를 공고히 하는 자들입니다. 진나라도 환관 조고가 어리고 어리석은 호해의 눈과 귀를 막게 한 것입니다. 사슴을 말이라고 한다면 정상적인 사람이라면 과연 받아들이겠습니까? 세 살 먹은 아이조차 조금만 가르치면 사슴과 말을 구별할 수 있는데 말입니다.

권력자의 주변에서 지록위마와 같은 눈과 귀를 멀게 하는 것을 어떻게 제어할 수 있을까요? 권력자가 중심을 잡고 바르게 처신한다면 조고와 같은 간신배의 행동을 단호히 배척할 것입니다. 그러나 권력자는 자신의 권력에 취해 귀에 거슬리는 말을 잘 못 듣게 됩니다. 특히 자신의 마음을 편히 해주는 간신의 말을 점점 신뢰하게 됩니다. 견제로써 적절히 권력을 균점시킨 박정희 대통령도 나중에는 무뎌졌나 봅니다. 결국 부하들의 권력다툼에 자신이 희생되고 말았습니다. 사람으로 권력의 타락을 막는 데는 한계가 있는 것이 역사적인 사실인 것 같습니다.

경찰은 경찰청장이 정점인 극단의 피라미드조직입니다. 모든 권한이 경찰청장에게 집중되어 있습니다. 10만 명이 넘는 구성원들이 경찰청장의 말 한마디에 좌지우지될 수 있습니다. 경찰청장은 권한을 행사함에 있어 절제와 균형이 필수입니다. 그 권한의 원천은 인사권과 감찰권에서 나온다고 볼 수 있는데 권한 행사가 자칫 절제와 균형감을 잃을 땐 경찰관 개개인에게 치명적일 수 있습니다. 따라서 경찰은 내부적으로 청장의 의사결정을 뒷받침하는 기능이 작동합니다. 크게는 정보기능과 감찰기능입니다. 정보기능은 외부적인 치안정보활동을 주로 하고 내부 구성원의 여론에 대해서 부가적으로 수집하여 청장보좌 역할을 합니다. 내부 구성원의 여론이나 조직의 흐름에 대한 의견을 취합하여 보좌하는 주된 기능은 감찰부서라고 할 수 있습니다. 각종 치안시책을 추진하는 과정에서 직원들의 애로사항, 각급 간부들의 업무 추진 태도와 자세, 문제성 직원의 동향 등 여러 가지를 내부 정보를 파악하여 청장에게 보고합니다. 감찰기능의 내부정보활동은 경찰지휘관의 보좌기능으로 매우 중요합니다. 감찰요원들은 객관적인 관점과 정확한 조직진단으로 내부 여론을 왜곡되거나 축소, 과장됨이 없이 보고해야 합니다.

감찰기능에 대한 부정적인 인식이 확산되었습니다. 호가호위하는 감찰관의 업무자세, 고압적이고 권위적인 조사활동, 구성원들의 사생활을 과도하게 사찰한다는 불만이 팽배해지면서 감찰폐해에 대한 목소리가 높아졌습니다. 개혁의 첨병이 되어야 할 감찰기능이 개혁의 대상이 되었습니다. 감찰기능이 지휘관의 눈과 귀를 가리게 하여 사슴을 말이라고 하는 꼴로 변질된 것으로 인식되었습니다.

경찰관의 감찰카드를 불태우는 퍼포먼스를 하였습니다. 감찰카드는 경찰관 개인의 직장생활에 대한 일종의 생활기록부와 같은 것입니다. 입직부터 개인의 근무태도, 세평, 상벌사항 등을 낱낱이 기록하여 인사참고 자료로 사용하였습니다. 때로는 한 번의 과오가 기록되면 낙인 찍힌 경찰관이 되는 부작용도 만만치 않았습니다. 착실하게 조직생활을 하는 구성원들에게는 감찰카드가 별로 신경 쓰이지 않지만 자신의 근태가 기록된다는 점에서 썩 유쾌한 제도는 아니었던 것 같습니다. 더욱이 한 번의 과오나 내부 여론이 나쁘다고 인식된 직원들은 감찰카드를 폐기하는 조치에 대해 열렬히 환영했습니다. 감찰카드가 지록위마하는 것이라고 여겼던 것 같습니다. 이후로는 직원들의 근태에 대한 기록을 대체할 제도는 마련되지 않은 채 인사철에 그때그때 여론을 수집해서 보고하는 형태로 바뀌었습니다. 감찰카드 제도든 필요 시 여론을 수집하여 보고하든 경찰청장의 막강한 권한에 비춰 개인의 신상에 치명적일 수 있는 인사자료나 내부 여론을 수집하여 지휘관을 보좌하는 활동은 그야말로 객관적이고 철저한 검증을 거쳐 작성되어야 합니다. 절대로 지록위마하지 말아야 합니다.

☞ 감찰카드를 폐기하는 데 대해 일부 지휘관들 중 자신에 대한 세평이 혹평으로 기록된 알고 적극적으로 폐기를 주창했다는 후문이 나돌았다.

51 와신상담 臥薪嘗膽

　월왕 구천과 싸워 크게 패한 오왕 합려는 전투 중 화살에 맞은 상처가 악화되어 죽었다. 임종 때 태자 부차에게 원수를 갚아줄 것을 유언으로 남겼다. 오왕이 된 부차는 이를 잊지 않기 위해 장작개비(섶) 위에서 잠을 자며(臥薪) 몸이 쑤실 때마다 부친의 죽음을 생각하였고 문앞에 사람을 세워두고 '부차야, 너는 네 아비의 원수를 잊지 않고 있느냐'라고 말하도록 시켰다. 부차의 공격조짐을 보고 월왕 구천은 대신 범려의 제지에도 불구하고 선제공격을 감행했으나 대패하고 오나라 태재 백비에게 뇌물을 바친 뒤 목숨을 건지고 항복을 하였다. 오나라의 중신 오자서가 월왕 구천의 항복을 받아들이지 말 것을 간언하였으나 부차는 구천을 용서하고 살려주었다. 구천은 복수를 다짐하며 언제나 곁에 쓸개를 걸어두고 음식을 먹을 때마다 그 쓴맛을 맛보면서(嘗膽) 복수를 다짐하였다. 월왕 구천은 미녀 서시를 부차에 바쳐 정사를 소홀히 하게 하는 등 오나라의 국력을 약화시킨 뒤 결국 오나라에 복수하였다.

… 오세가, 월세가

'와신상담(臥薪嘗膽)'이란 장작개비(섶)에 눕고 쓸개를 씹는다는 말로
복수나 어떤 목적을 달성하기 위해 온갖 괴로움과 고난을 참고 견딤을 말함.

臥 : 누울 와, 薪 : 섶나무 신, 嘗 : 맛볼 상, 膽 : 쓸개 담

섶에 누워 쓸개를 씹는 인고가 필요하다

어떤 일을 성취하기 위해서는 대가를 치러야 합니다. 성공하는 사람
의 이면에는 뼈를 깎는 고통과 노력이 있습니다. 큰 희생이나 노력이
없이 얻을 수 있는 일이란 도박과 같은 일확천금을 노리는 일입니다.
도박마저도 쉽게 재물을 획득할 수 있는 일은 아닙니다. 영화 〈타짜〉
를 보면 남을 속이기 위해 부단한 훈련과 치밀한 머리싸움을 볼 수 있
습니다. 복수라는 목표를 두고 의도적으로 잠자리를 불편하게 한 부
차는 물론이고 쓸개를 맛보며 칼날을 가는 구천, 이 두 사람의 결기에
서 일을 성취하기 위한 온갖 괴로움과 고통을 지렛대로 삼고 있음을
읽을 수 있습니다.

경찰의 숙원이라는 '수사권 독립' 문제는 정권이 바뀔 때마다 단골
메뉴가 되었습니다. 국립경찰 창설 이래로 무식한 경찰, 정권앞잡이
경찰, 인권침해 경찰과 같은 말들로 굴레를 쓰고 있는 경찰의 쓰라린
역사가 수사권 독립문제가 나올 때마다 전가의 보도처럼 불가론의 지

렛대가 되었습니다. 경찰대학설립, 고시특채, 4년제 대졸 출신 대거 공채 등 우수한 인력을 지속적으로 양성하고 충원하여 무식한 경찰이란 오명은 이제 논의조차 되지 않게 되었습니다. 자질론이 수그러들자 독재정권의 앞잡이 노릇을 했다며 정치적 중립성을 의심하는가 하면 이런저런 독직사건 등을 거론하며 수사권이 주어질 경우 권한 남용이 만연될 거라는 시기상조론이 가로막았습니다.

언론자유와 시민사회의 발전이 그 어느 때보다 활발한 시절이 되었습니다. 어떤 국가기관이든 권한을 남용한다는 것은 불가능에 가깝습니다. 그만큼 언론과 시민의 감시가 촘촘하고 강해졌기 때문입니다. 경찰의 수사 활동은 대부분 공개된 장소에서 이루어집니다. 특별한 경우 밀실에서 이루어질 경우에도 진술녹화를 통해 자칫 발생할 수 있는 권한남용 행위를 감시합니다. 수사과정에서 권한을 남용하는 행위를 할 수 없는 시스템을 마련하였습니다. 수사역량 면에서도 괄목상대할 정도로 발전했습니다. 영화 〈살인의 추억〉으로 알려진 화성연쇄 살인사건과 같은 20년 넘은 장기미제사건이 과학적인 수사기법을 통해 하나둘씩 밝혀낼 정도로 수사역량이 발전되었습니다. 사이버 수사역량은 FBI와 같은 세계 유수의 수사기관이 인정할 정도로 뛰어납니다. 그럼에도 아직도 수사권 독립문제는 현재 진행형입니다. 우스갯소리가 있습니다. '경찰수사권 독립이 먼저일까, 조국통일이 먼저일까? 수사권 독립은 요원한 문제라는 의미입니다.

경찰수사권 문제는 늘 정치권의 문제로 번져갔습니다. 정치권은 경찰 권력을 자신들에게 유리한 방향으로 이끌기 위한 입장에서 수사권 독립 문제에 접근했습니다. 경찰에게 수사권을 줄 경우 그 권한이 자신들에게 영향을 미칠 것 같으면 반대하고 반대 정치세력을 제어할 수 있을 것 같으면 찬성하는 쪽으로 정치적 결정을 했습니다. 결국에는 정치권의 정략에 따라 오락가락하다가 흐지부지되거나 유야무야됐습니다.

경찰 수사권에 대한 여론이 우호적으로 흐르면 생뚱맞게 툭툭 튀어나오는 경찰관 비리사건이나 인권침해 사건이 지면을 장식합니다. 경찰수사권 독립을 방어하는 입장에서는 오비이락이라고 애써 부정하지만 썩 기분 좋은 일이 아닙니다. '이래서 경찰에게 수사권을 주면 안 된다'는 인식을 확산시키는 것입니다. 그러나 궁극적으로 수사권이란 국민의 권리를 보호해주기 위해서 존재하는 것입니다. 경찰이든 검찰이든, 국가 어떤 기관이든 특정 기관의 전유물이나 권한이 아니라고 봅니다. 따라서 어떤 기관에 수사에 관한 권한을 위임할지는 철저히 국민 편익과 권리보호 중심으로 다뤄져야 한다는 생각입니다.

경찰은 그동안 수사권을 행사하면서도 법적인 권한을 제한받아 많은 부분 국민들에게 불편을 끼친 것이 사실입니다. 자살사건과 같이 명백하게 범죄혐의가 없어 유족에게 사체를 신속히 인계하려고 해도 검사의 승인을 기다리느라 유족의 슬픈 감정을 제대로 추스르지 못한 경우가 그렇습니다. 영장을 청구할 권한을 독점적으로 가진 검찰을 경유하여 신청하는 영장제도로 인해 범인이나 증거물을 신속히 확보치 못하여 피해자의 쓰린 피해감정을 제대로 보듬어 주지 못한 경우 같은 것도 한 예입니다.

검찰 개혁의 목소리가 높습니다. 결국 절대 권력은 절대 부패한다는 말처럼 비대한 검찰 권력을 분산시키겠다는 것이 요체인 것 같습니다. 좋은 결과를 기대합니다. 경찰도 수사권 독립을 위해 뼈아픈 자성의 시간을 가지면서 제도보완을 위해 노력해야 합니다. 경찰의 독자적 수사권이 자칫 허기진 배를 채우는 것처럼 성급하게 될 경우 국민의 실망을 돌이킬 수 없을지 모릅니다. 수사권을 독자적으로 행사할 때를 대비하여 부차와 구천이 와신상담(臥薪嘗膽)하며 결기를 다졌던 것처럼 미리 치밀하고 고통스럽게 끈기를 가지며 준비해야 합니다. 통일은 어느 날 갑작스럽게 올지 모른다는 말처럼 지지부진하게 끌던 수사권 독립도 어느 날 갑작스럽게 결정될지 모릅니다. 모든 경찰이 국민에게 사랑받을 수 있는 경찰의 독자적인 수사권능을 행사하기 위해 분발해야 겠습니다.

☞ 재직 중 경찰 수사권 문제에 대해 목소리를 높였던 경찰청장들이 재직 후 사법처리되는 경우가 있었다. 오비이락일까?

겨울나무

홀로 서있다고 외로워마라
산아지랑이 겹겹이 감싸안고
실개천 너울너울 춤추던
그런 날이 너에게도 있지 않았느냐?

바람이 모질다고 야속해마라
들뙤약볕 차곡차곡 덮어쓰고
서늘바람 슬금슬금 붐비던
그런 날이 너에게도 있지 않았느냐?

모두 다 떠났다고 서러워마라
강소쩍새 밤 밝혀 지저귀고
선홍단풍 뜨겁게 불태우던
그런 날이 너에게도 있지 않았느냐?

더뎌오는 봄날을 초조해 마라
꽃빛바람이 문풍지 잠재우고
네 앞에 곱게 다시 다가서려
꿈틀거리고 있지 않느냐?

52 궁팔십 달팔십 窮八十 達八十

　강태공은 성이 여씨이고 이름이 상인데 모친이 강씨라서 당시 풍속에 따라 강씨 성을 가졌다. 나이 80에 이르기까지 뜻을 얻지 못하고 강가에서 낚시로 소일을 하고 있었다. 주나라 문왕이 사냥을 나가면서 점을 쳤는데 '잡을 것은 용도 이무기도 아니고 호랑이도 곰도 아니다. 잡을 것은 패왕의 보필이다'라는 점괘가 나와 위수가에서 낚시 중인 강태공을 만나 이야기를 나누고서 기뻐하며 "우리 선대 태공 때부터 장차 성인이 주나라에 올 것이며 그의 도움으로 주나라가 일어날 것이라 하였습니다. 선생이 진정 그분이 아니십니까? 우리 태공께서 선생을 기다린 지가 오래되었습니다."라며 강태공을 국사로 삼았다. 강태공은 은나라를 멸망시키고 주나라를 세우는 데 공을 세워 제나라를 봉지로 받았다. 강태공은 그 고장의 풍속을 존중하고 제도를 정비하였으며 특산물인 소금생산과 수산업을 크게 장려하는 등 번성시켜 제나라의 시조가 되었고 100세까지 살면서 제나라가 춘추전국시대에 강대국으로 위상을 떨치게 되는 기반을 만들었다.

… 제세가

해설

'궁팔십 달팔십(窮八十 達八十)'이란 강태공이 80살까지 궁하게 살다가
이후 80년은 정승이 되어 호화롭게 살았다는 말임.

窮 : 가난할 궁, 八 : 여덟 팔, 十 : 열 십,

達 : 통달할 달, 八: 여덟 팔, 十 : 열 십

빨리 갈 것인가? 느리게 갈 것인가?

'소년급제, 중년상처, 말년빈곤'이라는 말이 있습니다. 인생 3대 불운
이라고 합니다. 어린 나이에 과거에 급제하여 출세한 경우, 중년이 되
어 부인과 사별하는 경우, 늘그막에 경제적으로 곤궁한 경우를 말합니
다. 젊은 나이에 급작스런 출세가 좋은 것 같은데 이후 더 나아갈 수
없으면 그때부터 혼란에 빠집니다. 어린 나이에 고시에 합격하여 판검
사, 고위관료로 나아가면 사람들은 천재라고 하며 그의 앞날이 보장
된 듯 부러워하고 칭송합니다. 어린 나이에 아이돌 가수나 배우와 같
은 인기 연예인, 스포츠 스타로서 스포트라이트를 한몸에 받으면 남부
러울 것 없는 장밋빛 인생으로 보입니다. 그렇지만 권력이나 명예, 인
기는 마치 문틈으로 빨리 달리는 말을 보듯이 빠르게 지나가거나(白駒
過隙) 햇볕이 나면서 짙게 깔려 있던 안개가 걷히듯 언제 있었느냐 싶
게 자신을 떠나게 됩니다. 종종 인기 절정을 누리던 아이돌 스타나 스
포츠 스타들이 시들해진 인기를 못 견디고 마약이나 도박에 빠진 뉴

스를 접할 때면 소년급제의 치명적인 불운을 느끼게 됩니다. 물론 중년 남성이 인생의 반환점에서 함께 걸어온 옆지기를 잃게 되면 그 상실과 부재감은 어떤 일보다 심적 충격을 받는 불행입니다. 노년에 경제적 결핍으로 힘든 여생을 보내게 되는 일은 더 큰 불행인 것 같습니다. 소년급제는커녕 80살이 되도록 변변한 직장조차 없이 지내다가 곤궁한 살림을 못 견디던 조강지처마저 떠나게 된 강태공은 3가지 불운중 2가지가 불운한 인생이었습니다. 자신을 알아본 문왕의 초빙으로 일약 정승의 반열에 오르고 개국 공신으로 제후가 되어 여생을 남부럽지 않게 지냈습니다. 늘그막에 달팔십의 인생을 살았습니다. 그동안 얼마나 자신과 세상에 대한 원망을 하며 암울한 날을 보냈겠습니까? 하지만 강태공은 바늘 없는 낚싯대를 드리우며 세월을 낚을 정도로 내공을 쌓았고 때를 기다렸습니다. 기회가 왔을 때 위민경국으로 세상에 이름을 떨쳤습니다. 대기만성한 것입니다.

계급 조직인 경찰관으로 입직하면 승진경쟁의 대열에 끼일 수밖에 없습니다. '복세편살(복잡한 세상 편히 살겠다)'의 야심을 가지지 않은 이상 입직 동기나 주변 동료들과 승진경쟁을 합니다. 직장에서의 승진은 학창시절 학업성적이나 머리가 우수한 것과 비례하지 않습니다. 사회생활을 잘하는 사람이 능력을 인정받는 경우가 있는가 하면 기회도 작용합니다. 자신이든 부하직원의 과오든 책임으로 승진이 늦어지는 경우도 있습니다. 동기들보다 선두로 가는 사람을 보면서 위축되곤 합니다. 때로는 동기가 직속상사가 되어 근무하는 경우에는 그 상황을 받아들이는 일이 쉽지 않습니다. 주변 시선을 의식하지 않을 수 없습니다. 개인적으로 자존심이 상하는 일이지만 조직인으로서 감수해야 합니다. 뒤처지는 것이 무능한 사람으로 낙인찍힌 듯해 의기소침해지기도 합니다. 그런데 빨리 가면 빨리 조직을 떠나야 합니다. 경찰은 고위직으로 갈수록 계급정년 제도가 있어 빨리 간 사람을 빨리 내보내는 구조입니다. 동기생이 경찰청장이 되었으나 그때까지 계장이나 반장의 위치에서 근무하는 사람도 있습니다. 그렇다고 특별히 무능한 사람도 아닙니다. 기회를 놓쳤을 뿐입니다. 구제를 위한 여러 가지 제도 보완을 해줬습니다. 아이러니하게 경찰청장인 동기생이 조직을 먼저 떠났습니다. 지나친 고속 승진으로 50대 초반의 나이에 경찰을 떠난 것입니다. 엄밀하게 따지면 뒤처져 무능한 사람 같았던 동기생은 현직에 남아있고 소년급제한 것처럼 빠른 승진으로 달리던 동기생은 백수가 된 것입니다. 물론 더 나은 다른 길로 가겠지만 죽은 정승보다는 살아있는 면서기가 낫다는 말처럼 현직이 좋다고 합니다.

소년급제로 조직을 떠나 제2의 인생을 위해 정치권을 기웃거리거나 다른 진로를 위해 고심하는 사람보다 연령정년만기 제대자들이 행복하다는 말들을 합니다. 100세 시대엔 오래 느리게 가는 것이 좋다고 합니다. 3000년 전 강태공은 100세 시대를 잘 사는 모습을 보여주었습니다. 80세 이후 인생이 확 펴졌으니 요즘으로 치면 100세 시대를 화려하게 사는 것이라고 볼 수 있습니다.

직장 생활을 하면서 빨리 갈 것인가? 천천히 느리게 갈 것인가는 개인의 능력에 영향을 받지만 결국 개인의 가치관 문제라고 봅니다. 마라톤 같은 인생에서 100m 달리기처럼 빨리 달려 완주하지 못하는 것도 문제지만 달리기 종목인데 경보처럼 지나치게 느리게 걷는 것도 종목을 잘못 택한 것이 아닌가 하는 생각이 듭니다. 지나치게 늦게 달리면 쌩쌩 달려오는 뒤쪽차량에서 경음기 소리를 내게 됩니다. 주변에 소음을 불러일으키는 민폐가 생길 수 있으니 한번쯤 고려해야 한다는 생각이 듭니다.

> ☞ 어깨를 으쓱거리며 잘 나가던 동기생들이 하나둘씩 조직을 떠나 백수 생활을 할 때 뒤처져 가던 현직 동기생이 동기모임에서 밥값을 내는 풍경이 연출되곤 한다. 인생은 총량제인 것 같다.

53 상가지구 喪家之狗

공자는 노나라에서 선정을 베풀었으나 왕족과 의견이 맞지 않아 노나라를 떠나 여러 나라를 돌며 이상을 실현해보려 했다. 공자가 정나라에 갔을 때 제자들과 길이 어긋나 혼자 성의 동문에서 제자를 기다리고 있었다. 이 모습을 본 정나라 사람이 제자들을 만나자 제자인 자공에게 "동문에 웬 사람이 서 있는데 그 이마가 요임금을 닮았고, 목도 고도와 같으며 그 어깨는 자산을 닮아 모든 것이 옛 성현으로서 존경받던 사람들과 같았습니다. 그러나 허리 밑으로는 우임금에 미치지 못하기가 세 치요, 뜻을 이루지 못해 몹시 피곤해 보이고, 지친 모습은 마치 초상집의 개(喪家之狗) 같았습니다."라고 말하였다. 이 말을 들은 제자들은 동문으로 달려가 공자를 만났다. 자공이 정나라 사람이 한 말을 전하자 공자는 빙그레 웃으며 "모습에 관한 형용이 꼭 들어맞는다고 하기는 어려우나 초상집 개라는 말은 과연 맞는 말이다"라고 하였다.

··· 공자세가

해설
'상가지구(喪家之狗)'란 초상집 개라는 뜻으로 별로 대접을 받지 못하는
사람을 이르거나 여의고 지칠 대로 지친 수척한 사람을 비유한 말임.

喪 : 죽을 상, 家 : 집 가, 之 : 갈 지, 狗 : 개 구

犬찰, 警찰, 敬찰

반려동물을 키우는 것이 대세입니다. 천만 인구가 반려동물인 개, 고양이 같은 동물과 더불어 살아갑니다. 그중 개가 으뜸입니다. 그 옛날 맹수의 한 종인 늑대가 인간에게 길들여지며 지금의 개가 되었다고 합니다. 개는 맹수로부터 인간과 가축을 지켜주는 역할을 하면서 인간의 가장 친근한 동물 중 하나가 되었습니다. 주인을 떠난 개가 천 리 길을 찾아왔다는 얘기가 회자되는가 하면 물에 빠진 주인을 구한 개의 미담은 새로울 게 없을 정도로 인간 생활에 개는 일상이 된 것 같습니다. 죽어서까지 인간을 이롭게 하는 보신탕에 대해서는 숙연해질 따름입니다. 그런 개의 애틋한 희생에도 불구하고 개에 대해서 함부로 말을 하는 것이 인간들입니다. 인간의 대표적인 쌍스러운 육두문자에 '개새끼'라는 표현이 있습니다. 실제 강아지들이 얼마나 귀엽고 앙증맞은지 잘 알면서도 그 어리고 여린 강아지를 개의 아들이라는 이유로 욕의 대명사로 변질되어 있습니다. 영어로도 'son of bitch'라는 표현이 있는 걸 보면 동서양 구분 없이 공통적으로 무고하게 개 식구들을 욕에다 가져

다 붙입니다. 개 입장에서는 참으로 어처구니없는 인간들의 처사입니다. 개로서는 하는 역할만큼 대접받지 못하는 것이 확실합니다. 상갓집에 그 많은 사람이 들락거림에도 누구 하나 제대로 밥을 챙겨주지 않았기에 상갓집 개(喪家之狗)라는 표현이 있을 것입니다.

하고자 하는 일의 의미나 역할의 중요성에도 불구하고 제대로 대접받지 못하여 이 나라 저 나라로 돌아다닌 공자의 모습을 상갓집 개 같다고 했습니다. 개를 부려먹고도 제대로 취급하지 않은 것은 고대 이래로 인간들의 행태인 모양입니다. 요즘에는 동물보호법이 제정되고 애완동물이 아닌 반려동물이라는 명칭을 사용할 만큼 견권신장이 인권신장보다 빠른 추세인 것 같습니다. 웬만한 반려견은 아이들 한 명키우는 것만큼 비용이 든다고 합니다. 개 마사지, 개 보약 등 인간보다더 대접받고 사는 개들이 늘어나고 있어 개같이 취급한다는 말이 틀린 말이 될 수 있게 되었습니다.

일부에서 경찰을 비하하여 경계할 경(警)자를 개 견(犬)자로 바꿔서 '견찰(犬察)'이라고 합니다. 옳지 못한 위정자들에게 마치 개처럼 충실하게 말을 잘 듣는다는 부정적인 표현의 극치입니다. 경찰로서는 자존심 상하는 직업비하 단어입니다. 그럼에도 경찰의 대우를 따져보면 공자가 자신이 하는 역할 만큼 제대로 대접받지 못해 상갓집 개 같다고 인정했듯이 경찰도 상갓집 개 정도 대접을 받는 것은 아닌가 하는 생각이 듭니다. 몇백 명도 되지 않은 정부 부처가 장관급인데 반해 10만명 이상의 대규모 조직임에도 경찰청장은 차관급입니다. 직업군인만따지면 육·해·공군보다 많은 인원이지만 군의 4성 장군이 장관급임을감안하면 경찰청장의 직급은 어처구니없는 직급이 아닐 수 없습니다.

수장이 차관급이니 조직의 위상 자체가 정부부처보다 늘 한 직급 낮아 각종 회의에서도 하는 역할에 비해 의사결정에 관여할 수 있는 일이 제한됩니다. 국무회의에 참석하지 못하는 것이 대표적인 예입니다.

대통령 경호업무 현장 배치 인력은 대부분이 경찰이 수행함에도 경호실의 지휘와 통제를 받고 일개 경호관이 경찰지휘관을 이리 오라 저리 가라 마음대로 휘두르고 현장 경찰지휘관들은 그들의 요구와 입맛을 맞추기 위해 쩔쩔매곤 했습니다. 물론 지금은 많이 변했습니다. 90% 이상의 수사를 경찰이 하고 있음에도 검찰의 통제하에 이루어져 독자적인 수사 활동에 큰 제약을 받고 있습니다. 쇠파이프, 돌, 화염병 폭력이 난무하는 집회현장에서 맨몸으로 맞으며 질서유지를 하는 경찰관들의 정당한 공무집행에도 과잉진압이라며 인권탄압의 원흉처럼 손가락질당하는 것은 애교 정도로 여기게 되었습니다.

학교폭력, 가정폭력 문제는 교육기관이나 사회제도적으로 처리해야 할 문제임에도 손발이 없다는 이유로 정부 각 부처에서 경찰에 손을 내밀며 경찰력을 동원합니다. 경찰 본연의 업무인가에 대한 회의와 내부 구성원의 불만에도 불구하고 국가적인 업무라며 지원을 아끼지 않는 충성심 하나로 온 몸을 던져 일을 하는데도 상응한 대우를 못 받고 있는 현실입니다. 그래서 견찰이라는 비아냥거림이 틀린 말이 아닌 것 같다는 생각이 듭니다.

인식의 변화로 경찰에 대한 처우와 복지가 많이 개선은 되고 있습니다. 아직은 만족할 수준은 아닌 것 같습니다. 군인, 소방관, 경찰관과 같은 위험 직군은 희생을 전제로 하는 업무입니다. 작은 희생이 아닌 국가와 시민을 위한 큰 희생입니다. 이들의 희생을 고귀하게 챙기고 대우해주는 나라가 선진국입니다.

인간을 위해 희생과 도움을 주는 개에 대해 럭셔리한 반려동물의 반열에 올리고 있는 추세입니다. 하물며 견찰이라고 비하될 정도의 대우를 받는 경찰에 대해서 제대로 대우해야 하는 것은 당연한 일입니다. 그래야 고난에도 불구하고 사회와 국가를 위해 제대로 된 희생을 할 것입니다. 개 취급당하는 견(犬)찰에서 경계를 잘하는 경(警)찰, 나아가 시민이 공경하고 사랑하는 경(敬)찰이 될 때 진정한 선진국이 될 것이라고 생각합니다.

산길

태고적 생긴 길 하나
오르막이 내리막 고통스러워 말고
내리막이 오르막 춤추지 말자

내 믿음 가벼워 보일 듯 보이지 않고
뱀의 유혹과 산짐승의 울부짖음
두려울지라도 흔들림 없이 간다

모진 겨울 끝 연푸른 입김 모락모락 피어오르고
검푸른 그림자 하늘 길 막아선 그날
이리저리 헤매었지만

해와 달이 지켜주고
비바람이 살포시 스며들어
갈라터진 가린 몸
훌훌 털어버린 채
기쁨의 몸짓을 할 수 있겠다
더 넓어진 길 더 높은 데 이른 길
하늘 닿을 수 있기에
사방이 트여도 두렵지 않다

참고문헌

- 『사기열전』/예벤인민출판사 고천번역팀 엮어 옮김. 서해문집
- 『사마천 사기56』/소준섭 편역. 현대지성
- 『사기』/요코야마 미츠테루. 시공사
- 『한 권으로 읽는 사기』/김도훈. 아이템북스
- 「네이버 한자사전」

위기의 경찰
사기 속에서 길을 찾다

초판 1쇄	2019년 12월 24일
2쇄	2023년 01월 09일

지은이	박화진
발행인	김재홍
편집	이근택
교정·교열	김진섭
마케팅	이연실

발행처	도서출판 지식공감
등록번호	제396-2012-000018호
주소	서울특별시 영등포구 경인로82길 3-4 센터플러스 1117호 (문래동1가)
전화	02-3141-2700
팩스	02-322-3089
홈페이지	www.bookdaum.com
이메일	jisikwon@naver.com

가격	16,000원
ISBN	979-11-5622-487-7 03190